**La lengua común en la España plurilingüe**

# Lengua y Sociedad en el Mundo Hispánico
## *Language and Society in the Hispanic World*

**Editado por** / *Edited by:*

Julio Calvo Pérez (Universitat de València)

Luis Fernando Lara (El Colegio de México)

Matthias Perl (Universität Mainz)

Armin Schwegler (University of California, Irvine)

Klaus Zimmermann (Universität Bremen)

**Vol. 24**

Ángel López García

# La lengua común
# en la España plurilingüe

Iberoamericana ● Vervuert ● 2009

**Bibliographic information published by Die Deutsche Nationalbibliothek**
Die Deutsche Nationalbibliothek lists this publication in the Deutsche Nationalbibliografie;
detailed bibliographic data are available on the Internet at http://dnb.ddb.de

© Iberoamericana, 2009
Amor de Dios, 1 – E-28014 Madrid
Tel.: +34 91 429 35 22
Fax: +34 91 429 53 97
info@iberoamericanalibros.com
www.ibero-americana.net

© Vervuert, 2009
Elisabethenstr. 3-9 – D-60594 Frankfurt am Main
Tel.: +49 69 597 46 17
Fax: +49 69 597 87 43
info@iberoamericanalibros.com
www.ibero-americana.net

ISBN 84-8489-438-4 (Iberoamericana)
ISBN 3-86527-454-0 (Vervuert)

Depósito Legal: B. 19.307-2009

Diseño de la cubierta: Michael Ackermann / Ilustración: Gabriel Alonso

The paper on which this book is printed meets the requirements of ISO 9706

Impreso en España

# GRATULATORIA

Este ensayo se ha escrito sabiendo que su contenido puede resultar polémico y, por eso, he dudado antes de agradecer públicamente los comentarios que me hicieron colegas y amigos a los que respeto mucho y cuya opinión me ha resultado impagable. Sin embargo no sería justo dejar de nombrarlos, aunque en este caso no es un tópico del discurso el añadido de que la responsabilidad de las opiniones vertidas en el texto es exclusivamente mía. De hecho, ninguno de mis comentaristas coincide plenamente con mi posición y alguno disiente en aspectos fundamentales. He procurado recoger los comentarios que matizaban mi texto, pero no me he embarcado en una discusión crítica con las opiniones contrarias, pues no se habría producido en situación de igualdad. Quede todo ello para posterior ocasión. Agradezco sinceramente las molestias que se tomaron Emili Casanova, Humberto López Morales, Ricard Morant, Francisco Moreno, Manel Pérez Saldanya, Manuel Prunyonosa, Enric Serra y Klaus Zimmermann, a quien debo también un decidido apoyo editorial. Este trabajo se ha beneficiado de la ayuda AORG/2008/060 de la Consellería d'Educació (Departament de Política Científica) de la Generalitat Valenciana.

# ÍNDICE

# 1. INTRODUCCIÓN

# EL TABÚ DE LA LENGUA COMÚN

El año 2008 quedará para la historia de España como el año de la eclosión de la crisis económica, igual que en el resto del mundo o, tal vez, dada la dependencia española de la construcción desaforada de viviendas, mucho peor. Y quedará también como el del logro de una serie de triunfos deportivos (fútbol, tenis, ciclismo) que han supuesto el renacimiento del orgullo nacionalista, algo que tan apenas repercute fuera de las fronteras de Europa, pero que en el continente ha resultado muy visible. Sin embargo, dentro del propio país la legislatura que se inició el 14 de marzo de 2008 lo hizo a la sombra de una polémica lingüística que no ha hecho más que empezar, la del *manifiesto por el castellano* y su condición de lengua común. Puede que en el origen de dicho manifiesto estén algunas circunstancias muy específicas de dicho año 2008, por ejemplo, la derrota electoral del partido conservador y la necesidad de reorientar su política si quiere recuperar el poder: al fin y al cabo, el manifiesto lo promovieron un periódico enemigo de dicho cambio de singladura y un partido de nueva creación enfrentado explícitamente a los nacionalismos periféricos con los que dicho giro amenazaba avenirse a componendas políticas. Mas sería ingenuo —y, en el fondo, peligroso para la convivencia de los ciudadanos españoles— creer que esta es toda la explicación. Entre los firmantes del manifiesto hay intelectuales de variada procedencia ideológica, y si dicho partido y dicho medio de comunicación no hubieran resultado tan visibles, es seguro que se habrían adherido muchos otros. En este sentido, la retractación de un laureado poeta afín al presidente del gobierno socialista ha resultado sintomática: firmó —dice— porque comparte plenamente el contenido del manifiesto, pero se siente engañado y utilizado al advertir el aprovechamiento político que se está haciendo del mismo. El aprovechamiento político consiste en rasgarse las vestiduras ante las medidas de normalización lingüística emprendidas en las comunidades bilingües para convertir las llamadas lenguas propias en idiomas vehiculares de la enseñanza y de la administración (lo cual reduce obviamente los espacios que antaño ocupaba el «castellano») sin dejar claro al mismo tiempo que estas políticas son muy antiguas (se remontan en algunos casos a 1980) y tampoco que dicho retroceso, incuestionable y presuntamente anticonstitucional, no afecta a la condición común del español.

Acaba de publicarse un libro de título emblemático, *La lengua, ¿patria común?*, el cual no puede haber aparecido más oportunamente[1]. Como colaborador del mismo me pregunto qué habría dicho su coordinador si le hubiera propuesto que lo cambiase repitiendo el adjetivo: *La lengua común, ¿patria común?* Es posible que este título quede poco estético, mas en ningún caso resulta redundante. Porque el problema no es sólo si el español constituye o no la patria común de los españoles, es decir, si existe un nacionalismo español que, como el francés o el alemán, puede legitimarse plenamente por la posesión de un idioma compartido por todos los ciudadanos. Pretender tal cosa es confundir los deseos con las realidades: cualquiera que conozca de primera mano la situación de las comunidades bilingües del Estado español sabe que esta afirmación no se sostiene y que parte de sus ciudadanos —tanto si son independentistas como si no, porque este es otro debate— no creen que *su lengua* sea el español. Uno agradecería a los intelectuales, políticos y filólogos que viven en Madrid y son incapaces de mirar más allá de sus narices que no escriban sobre este asunto: tanto si se alinean en un bando como si lo hacen en el otro, generalmente yerran el tiro y alimentan la confusión. Mas volviendo a la supuesta redundancia de *común*, ello no elimina la oportunidad de la misma. Porque aunque la lengua española no sea suficiente para cimentar un sentimiento patriótico de comunidad desde Port Bou hasta Tarifa y desde el cabo Machichaco hasta el de Fisterra, lo cierto es que, quiérase o no, *constituye la lengua común de los ciudadanos españoles*. Más aún: en el supuesto —que tengo por poco realista— de que alguna comunidad bilingüe se independizase del resto, el español seguiría siendo la lengua común en la que los ex ciudadanos españoles de dicha comunidad se entenderían con los españoles (y en un alto porcentaje también entre ellos mismos)[2].

---

1    José del Valle (ed.), *La lengua, ¿patria común? Ideas e ideologías de la lengua española*, Madrid/Frankfurt, Iberoamericana/Vervuert, 2007.

2    Esto lo ha visto agudamente Albert Branchadell, *La hipótesi de la independència*, Barcelona, Empúries, 2001, donde advierte que la independencia de Cataluña acarrearía de inmediato la conversión de la minoría hispanohablante (una minoría que comprende el 40 % de la población catalana) en una minoría nacional marginada que reclamaría en seguida derechos lingüísticos y políticos al estilo de la minoría de habla francesa de Québec en Canadá.

En un trabajo reciente[3] me ocupaba de las distintas acepciones de *común* y de su aplicación a las lenguas. Al español le convienen todas, en alguna parte de su dominio o en algún momento de su historia, pero, por ceñirme sólo a la situación de España en el siglo XXI, usaré *común* con la extensión con la que la suelen emplear los hablantes, esto es, al igual que en la frase *espacios comunes* de un edificio. Mi cocina es mía y el baño de la vecina del 3º es suyo, pero el ascensor y el zaguán son comunes, los pueden usar y de hecho los usan todos los vecinos de la finca. Es verdad que esta comparación, como todas las analogías, tiene sus limitaciones: hay ciudadanos españoles monolingües que sólo poseen la lengua común (que, ahora sí, constituye *su lengua*), mientras que en la comunidad de vecinos nadie vive en el zaguán o en el ascensor. Por eso, tal vez convenga perfilar mejor la comparación de los espacios comunes. Todo el que haya pasado por la experiencia familiar de unas vacaciones en la playa en un minúsculo apartamento alquilado sabe que algunos duermen en dormitorios —generalmente los padres— mientras que otros —algún hijo desparejado por la edad o por el sexo— tiene que conformarse con el sofá del cuarto de estar: ese tipo de espacio común, en el que algunos viven y por el que otros tan sólo pasan, ya se parece bastante a la comunidad lingüística española. La diferencia estriba en que el espacio común de una casa o de un edificio está libre de connotaciones mientras que la lengua común es un tema tabú. Es tabú en las comunidades bilingües, donde cuesta aceptar que todos los ciudadanos españoles, cualquiera que sea su lengua materna, se entienden perfectamente en español, tal vez porque suponen que este hecho obliga a consolidar un sentimiento nacional sobre dicho basamento lingüístico; y es tabú también en las comunidades monolingües (sobre todo en Madrid), donde, convencidos de esto mismo, miran con sospecha a todo persona bilingüe de otra lengua materna, a la que atribuyen inconfesables tendencias separatistas. Este texto intenta conciliar lo inconciliable, así que no sé si logrará romper el nudo gordiano de la polémica lingüística española o todavía lo va a enmarañar un poco más: el lector juzgará.

---

3    Ángel López García, «La polisemia del término *común* aplicado a la lengua española», en Martina Schrader-Kniffki y Laura Morgenthaler García (eds.), *La Romania en interacción: entre historia, contacto y política. Ensayos en homenaje a Klaus Zimmermann*, Madrid/ Frankfurt, Iberoamericana/Vervuert, 2007, 571-589.

# 2. LA PENÍNSULA IBÉRICA ES UN ESPACIO PLURILINGÜE

La Península Ibérica es un *espacio plurilingüe*. Esto, dicho así, parece una obviedad. Todos sabemos que en la Península Ibérica se hablan varias lenguas: en Portugal, el portugués; y en España, el español, el gallego, el vasco y el catalán/valenciano. Sin embargo, cuando hablamos de espacio plurilingüe queremos significar algo más: afirmamos que es *un solo espacio* y, al mismo tiempo, que no se concibe de otra manera que *siendo plurilingüe*.

Piénsese en la diferencia que existe entre una tienda de todo a un euro y una carnicería. En ambas hay muchas cosas, son espacios plurales. Pero no se trata de lo mismo. En las tiendas de todo a un euro, el tipo de cosas que se vende resulta imprevisible y si alguna de ellas falta, simplemente nos vamos a otro sitio. Allí venden cremalleras, vasos, crema de zapatos, perchas, servilletas de papel, flores, camisetas, barajas, enchufes, felpudos…, y así hasta mil cosas diferentes. En el fondo, estas cosas no guardan ninguna relación entre sí, todo depende del tamaño de la tienda. Hay tiendas de todo a un euro en las que faltan las cremalleras y tiendas en las que se pueden encontrar hasta sillas. Por el contrario, todos sabemos lo que se puede esperar de una carnicería; tienen que vender pechugas de pollo y chuletas de cordero y lomo de cerdo y filetes de ternera y chorizo y salchichas, por ejemplo. Si alguna de estas cosas faltase porque se les acaba de terminar, lo comprenderíamos, pero si no la tuviesen nunca, simplemente no se trataría de una carnicería. Lo que sucede es que las tiendas de todo a un euro no surgieron respondiendo a una necesidad de la vida, sino a la moda consumista de nuestro tiempo. Mucha gente pasa el rato comprando cosas, a menudo cosas que no necesita, y las tiendas de todo a un euro (que antes se llamaban de todo a cien pesetas) son como una cueva de Alí Babá en la que puede uno pasar la tarde comprando sin cansarse. La carnicería es otra cosa. A la carnicería vamos porque necesitamos comer carne y normalmente nadie se lo pasa bien si tiene que guardar cola esperando turno. Pero en la carnicería siempre hay más o menos lo mismo, las carnes que comemos en nuestra cultura: de ternera, de cerdo, de cordero, de ave, embutidos, fiambres y poco más. Suministran las proteínas que necesitamos y las solemos alternar en nuestra mesa. En otras culturas, algunas de estas carnes faltan —en la cultura islámica no comen cerdo— y en otras culturas se añade algún tipo de carne —de perro, por ejemplo, en Extremo Oriente—. También puede suceder que alguna carnicería elegante ofrezca, además, faisán o ciervo. Pero la lista es básicamente estable. Las carnes de nuestras carnicerías son las de aquellos animales que hemos sabido domesticar para criarlos como ganado. Si cada vez que el carnicero quisiese hacer morcillas, tuviera que irse al monte a cazar un cerdo salvaje (eso viene a ser, poco más o menos, el jabalí), las carnicerías tendrían poca carne de cerdo, apenas podríamos comer morcillas o jamón y todo iría manga por hombro.

Con las lenguas ocurre lo mismo. A veces hay zonas geográficas en las que coexisten, mejor o peor, muchos idiomas. Por ejemplo, en la Rusia de los zares y, luego, en la URSS[4], había cientos de lenguas: el ruso, el ucraniano, el moldavo, el permio, el mordvo, el chukchee, el uzbeco, el armenio, el georgiano, el checheno, el abjaz, el lazo, el osetio, el kirguizio, el tajiko, el azerbaidjano, etc. Estas lenguas estaban reunidas como en un todo a cien, la única razón para que formasen parte de un mismo estado era que el imperio ruso había conquistado todos los demás pueblos, los cuales pasaron más tarde a ser repúblicas de la URSS y sus lenguas a ser reconocidas por la constitución soviética (con alguna incorporación como el estonio, el letón y el lituano, cuyos países respectivos fueron invadidos tras el pacto de Hitler con Stalin). En estos casos se trata, sin duda, de *estados plurilingües*, pero no podemos hablar de espacios plurilingües. Cuando la situación política cambia, el mapa lingüístico lo hace igualmente, sin mayores problemas; al disolverse la URSS a la caída del muro, muchos de estos países se declararon independientes y sus lenguas dejaron de figurar en la constitución de Rusia (el estado heredero de la URSS); allí ya no se habla ni letón ni armenio ni georgiano ni uzbeco, aunque se siga hablando permio y checheno, junto con el ruso.

Un *espacio plurilingüe* es otra cosa[5]. Un espacio plurilingüe siempre resulta anterior a la formación del estado plurilingüe y ni siquiera tiene que coincidir con él porque su origen es cultural y no político. Por ejemplo, en la Península

---

4    Para la situación sociolingüística en los estados de la antigua URSS cfr. Marc Leprêtre, «Lengua, nacionalismo y democracia en el espacio postsoviético», en Ruth Ferrero (ed.), *Identidad y libertad: nacionalismos y minorías en Europa Central y Oriental*, Barcelona, Institut de Ciències Polítiques i Socials, 2004, 193-215.

5    Lo que aquí llamo espacio plurilingüe es lo que la moderna Romanística suele llamar *espacio comunicativo* (*Kommunikationsraum*). Véase Wulf Oesterreicher, «Historizität – Sprachvariation,

Ibérica hay dos estados, España y Portugal, sobre un mismo espacio plurilingüe. La lengua de Portugal tiene el mismo origen que el gallego, una de las lenguas de España, de forma que la lengua descubre lo que las fronteras políticas quieren encubrir; por eso, los filólogos hablan de gallego-portugués. Además, las propias comunidades autónomas españolas tampoco son lingüísticamente homogéneas; Euskadi tiene muchas comarcas que no hablan vasco, sino español, al tiempo que Aragón incluye una franja oriental que habla catalán, y así sucesivamente. Esta situación no es nueva: cuando lo que hoy forma el Estado español consistía en varios reinos independientes, estas discordancias ya existían, de manera que en la Edad Media el sur de Navarra, el antiguo reino de los vascones, siempre habló español, así como el oeste del reino de Valencia, mientras que el este de Aragón fue catalanohablante al menos desde el siglo XII y el asturiano penetraba profundamente en la montaña santanderina, que formaba parte del reino de Castilla.

Para entender cómo se ha formado la oferta de una carnicería hay que acudir a la historia de la alimentación en sus relaciones con la cría de ganados en Europa y, además, aceptar que muchas veces se producen mezclas: cuando pedimos un arreglo para caldo es normal que nos pongan algo de gallina, un hueso de jamón (o sea, carne de cerdo) y algo de ternera. Algo parecido cabe decir del espacio plurilingüe de la Península Ibérica.

---

Sprachverschiedenheit, Sprachwandel», en Martin Haspelmath et al. (eds.), *Language Typology and Language Universals. An Internacional Handbook*, Berlin, De Gruyter, 2001, 1554-1591; Wulf Oesterreicher, «Plurilingüismo en el Reino de Nápoles (Siglos XVI y XVII)», *Lexis*, 28.2, 2004, 217-257; Raymund Wilhelm, «Regionale Sprachgeschichte als Geschichte eines mehrsprachigen Raumes. Perspektiven einer Sprachgeschichte der Lombardei», en Jochen Hafner y Wulf Oesterreicher (eds.), *Mit Clio im Gespräch. Romanische Sprachgeschichten und Sprachgeschichtsschreibung*, Tübingen, Gunter Narr, 2007, 77-101. Esta concepción subyace implícitamente al libro de M. Teresa Echenique Elizondo y Juan Sánchez Méndez, *Las lenguas de un reino. Historia lingüística hispánica*, Madrid, Gredos, 2005.

# 3. LA PENÍNSULA IBÉRICA ES UN ESPACIO (CASI) CERRADO

Como su nombre indica, una pen-ínsula es una especie de isla rodeada de mar por todas partes menos por una. Hay penínsulas en las que el segmento de unión con el resto del mundo no presenta dificultades de tránsito, por lo que, sin perder sus características peninsulares, suelen ser espacios tan abiertos como el continente al que se unen. Así ocurre con la Península Arábiga o con la Península Indochina. Por ejemplo, la Península Arábiga está unida al resto de Oriente Medio por el desierto, de manera que todo lo que se producía allí llegaba inmediatamente a los países de su entorno y todo lo que sucedía en estos repercutía en Arabia. Ello explica la rapidez con la que el Islam, una nueva religión fundada por Mahoma en el siglo VII d. J. C., llegó hasta Siria, Irak, Palestina, Egipto e Irán. No ocurre así en la Península Ibérica. Separada del resto de Europa por los Pirineos, que son una cadena montañosa difícil de atravesar y que en su punto central alcanza alturas de tres mil metros, la Península Ibérica siempre ha sido una especie de isla en la que los pueblos que la poblaron han tendido a relacionarse entre ellos mucho más que con los otros pueblos de Europa o de África. Ha ocurrido como en las Islas Británicas: aunque las fueron ocupando sucesivamente diversos invasores, a los pocos años ya se sentían tan británicos como los pueblos que habían dominado y el resultado fue esa peculiar cultura, tan diferente de la europea continental en algunos aspectos, de la que los británicos se sienten tan orgullosos. Si bien se mira, pasar el estrecho de Calais en una frágil embarcación no resultaba ni más difícil ni más peligroso que atravesar los Pirineos con una montura: cuando el tiempo era bueno, la aventura merecía la pena, pero cuando había tempestad, las olas en un lado y las nevadas en el otro obligaban a dar media vuelta. El peculiar aislamiento de la Península Ibérica —sólo atenuado por los dos extremos del Pirineo, como veremos— ha sido reflejado por el premio Nobel portugués José Saramago en una bella novela, *A jangada de pedra*, cuyo título lo dice todo: imagina su autor que un movimiento tectónico separa la península del resto del continente europeo y la deja flotando en mitad del océano como una balsa (*jangada*) de piedra.

La Península Ibérica es, pues, un espacio natural casi cerrado, obliga a sus habitantes a mantener relaciones complejas entre ellos y les impide aislarse los unos de los otros o seguir dependiendo tan sólo de los pueblos extrapeninsulares hermanos de donde proceden. Esto ha ocurrido muchas veces en la historia: los distintos invasores se sintieron pronto peninsulares antes que ninguna otra cosa y se independizaron de su fuente originaria. Por ejemplo, los árabes que entraron en la Península Ibérica el año 711 d. J. C. constituyeron primero un emirato, teóricamente subordinado a Damasco, pero en la práctica casi autónomo, y enseguida formaron un califato con capital en Córdoba, es decir, un reino completamente independiente de Bagdad, lo cual no había sucedido ni en Marruecos ni en Egipto ni en Turquía ni en Irán.

Es interesante destacar que la concepción de la Península Ibérica como un espacio natural aparece a la vista como algo evidente para los forasteros que vienen, ya sea como invasores o como visitantes, más que para sus propios habitantes. Esto se aprecia claramente en las denominaciones. Cuando los romanos llegaron a la península, la llamaron *Hispania*, aunque la habitaban muchos pueblos, con lenguas y costumbres diferentes, que a menudo estaban enfrentados entre sí. Otro tanto hicieron los árabes al darle el nombre de *Al-Andalus*, territorio que se refería a toda ella. Modernamente ocurre lo mismo. Las multinacionales, esos imperios de nuestro tiempo que conquistan con la mercancía y sin derramamiento de sangre, también conciben la Península Ibérica como una unidad. En consecuencia, sitúan la delegación central en alguna ciudad de la misma —que puede ser Madrid o Barcelona, pero también Lisboa— al tiempo que las decisiones se toman a nivel peninsular y las redes de comarcalización cubren todo el territorio, desde el delta del Ebro hasta el estuario del Tajo en Lisboa y desde los Pirineos hasta el estrecho de Gibraltar. Esto lo puede comprobar fácilmente cualquiera en un supermercado: la mayor parte de los envases (las cajas de leche, los paquetes de galletas, las latas de sardinas) tienen las instrucciones en español y en portugués, las lenguas oficiales de los dos estados de la Península Ibérica; cuando la marca comercial es sensible a las lenguas —lo que desgraciadamente no ocurre siempre— también en otros idiomas peninsulares.

Pero tan importante es comprender que la Península Ibérica es un espacio natural como entender que se trata de un *espacio plural*. Basta echar un vistazo al mapa físico para darse cuenta de que la pluralidad resulta igualmente natural, que es una imposición de la naturaleza. La Península Ibérica no es una llanura uniforme y sin compartimentaciones internas como el desierto de la Península Arábiga: la cruzan varias cadenas montañosas (la Cordillera Cantábrica, el

Sistema Ibérico, la Cadena Costera Catalana, Sierra Morena, Sierra Nevada, la Sierra de Estrella...), lo cual se traduce en una gran cantidad de regiones naturales muy diferentes unas de otras y que facilitaron el desarrollo de formas de vida y de modalidades culturales específicas. En otras palabras que los pueblos de la Península Ibérica están obligados a relacionarse estrechamente entre sí, pero al mismo tiempo *se trata de pueblos, nunca de un solo pueblo*. Nada parecido a la isla de Islandia, separada del resto de Europa por el océano y albergue de una lengua y de una cultura original que se extienden por toda ella; en la Península Ibérica siempre ha habido varios pueblos, varias lenguas y varias tradiciones culturales y, lo que es más importante, resulta imposible escapar a este condicionamiento de la geografía.

Es importante advertir esto para evitar la idea, muchas veces implícita, pero en ocasiones incluso manifestada explícitamente, de que el plurilingüismo constituye una especie de imperfección o desgracia con que la historia ha castigado a la Península Ibérica y en particular a España, algo así como las patas de gallo o las espinillas que afean un rostro terso y hermoso. Es frecuente oír en las conversaciones de bar o en algunas tertulias radiofónicas que en España la lengua por antonomasia es el español y que las demás vienen a ser como lenguas menores, caprichos de la historia que resultan simpáticos siempre que no se excedan en sus reclamaciones, pero a las que hay que atar corto cuando pretenden igualarse a la «lengua de todos los españoles». En la época de Franco esto se decía abiertamente y casi constituía la doctrina oficial, aunque sería ingenuo pensar que se lo inventó el franquismo. En el fondo, la tendencia a la uniformidad es una propensión intelectual profundamente humana por lo que no debería sorprendernos demasiado: los usuarios de PC no dejan de pensar que la existencia de MacIntosh es una especie de lujo innecesario. Y hablando de lenguas, muchos funcionarios de la Unión Europea, un superestado con una veintena de lenguas oficiales y enormes gastos de traducción entre ellas, no dejan de envidiar a los EEUU, donde todo funciona en inglés, o a China, donde el chino mandarín se basta y se sobra para dar cauce a la vida oficial y a la mayor parte de la vida económica y social.

Pero estas pluralidades no deben confundirse con la que nos interesa aquí. Que exista un solo sistema de codificación de programas informáticos es, sin duda, una ventaja económica y tecnológica, aunque ello traiga consigo un peligro de monopolio, como las sucesivas demandas judiciales contra la compañía Microsoft de Bill Gates ponen de manifiesto. Que en la Unión Europea la multiplicidad de lenguas constituye un problema práctico serio tampoco puede discutirse, por más que dichas lenguas resulten irrenunciables para los pueblos que forman la unión ya que son a menudo el signo más claro que los define. Pero Europa no es ni una isla ni una península, sino el extremo occidental del continente euro-asiático, el cual no está tan apenas separado de Asia, por lo que las lenguas no nos sirven para decidir qué estados deberán formar parte de la Unión Europea y cuáles no, puesto que algunas lenguas europeas vinieron de Asia o de África: por ejemplo, en Malta se habla árabe (el nombre de maltés resulta engañoso), como en Egipto o en Siria, estados que también se asoman al Mare Nostrum de los romanos; en Lituania la tercera parte de la población es rusohablante, lo cual alargaría Europa hasta la península de Kamchatka, enfrente de Japón.

Nada de esto sucede en la Península Ibérica. Descontando la expansión colonial del español y del portugués por el continente americano, similar a la que experimentó el inglés, las lenguas peninsulares tuvieron su origen en el solar ibérico o a ambos lados de los Pirineos simultáneamente. En frío y en abstracto, en España se hablan muchas lenguas, es verdad: hay comunidades de lengua alemana o noruega en la costa valenciana y de lengua inglesa en las islas Baleares, así como barrios arabófonos o de alguna lengua eslava traídos por la emigración a las grandes ciudades[6]. Pero en caliente (o sea: en términos histórico-culturales) y en concreto, sólo hay cuatro grandes sistemas lingüísticos peninsulares: el español, el gallego-portugués, el catalán/valenciano y el vasco. Ni más ni menos. Todas las demás modalidades lingüísticas autóctonas son dialectos de alguna de las anteriores, aunque originariamente algunas (como el asturiano o el aragonés) no lo fueran.

---

6   Y muchas lenguas más. Para la increíble diversidad lingüística que ha producido la inmigración en las grandes urbes españolas véase: Peter Broeder y Laura Mijares, *Plurilingüismo en Madrid: las lenguas de los alumnos de origen inmigrante en primaria*, Madrid, Ministerio de Cultura y Deporte, 2003; Carme Junyent et al., *Les llengües a Catalunya*, Barcelona, Octaedro, 2005.

# 4. LENGUAS DEL PAÍS Y LENGUAS REGIONALES

*[nota manuscrita: Italy? - politics & labor]*

Antes de iniciar la exposición histórica del proceso de constitución del pluri-lingüismo peninsular urge hacer alguna matización terminológica. Porque el español no es la única lengua que encuentra reticencias a la hora de ser consi-derada —correctamente— como la *lengua común*. Otros idiomas han recibido la denominación de *lenguas regionales* o, lo que todavía resulta más absurdo, de *lenguas autonómicas*: estos rótulos se suelen aplicar en los medios de comu-nicación españoles a los idiomas catalán/valenciano, gallego y vasco, tal vez para rebajar las pretensiones de sus defensores más politizados cuando recla-man para ellos la condición de *lengua nacional*. No entraré aquí en la polémi-ca de la *lengua nacional* porque dicho rótulo supone una toma de postura pre-via de tipo político, la cual obscurece inevitablemente la realidad de los hechos. Se habla de lengua nacional como manifestación (o como demostración) de la existencia de la nación. Es el conocido argumento de que la nación *X* existe por-que la avala la existencia de la lengua *x*. ¿Qué ocurre cuando en el territorio de *X* se habla otra lengua *y*?: ¿debemos suponer que la(s) parte(s) en la(s) que se asienta constituye(n) el solar de otra nación, la nación *Y*? Esta argumentación subyace a todos los discursos que defienden la idea de España como nación de naciones, pero llegará a estar también en la base de los discursos que propug-nan la consideración de dichas naciones a su vez como un agregado de otras naciones lingüísticamente homogéneas[7].

---

7  De momento estas protonaciones de tercer nivel se reivindican con criterios de clase social, pero ya han empezado a hacerlo con criterios políticos. Jesús Royo Arpón, *Argumentos para el bilingüismo*, Barcelona, Montesinos, 2000, afirma: «Además, y con perdón, yo no puedo dejar de ver debajo del concepto de 'conflicto lingüístico' otro conflicto más hondo, un con-flicto social. Y entonces, consagrar mediante la política lingüística la hegemonía de la clase social que representa el catalán, lo encuentro sencillamente una obscenidad» (124). Pero más adelante apostilla: «Por el contrario, la actual política lingüística sí es disgregadora y sectaria, y ojalá no nos complique la convivencia a los ciudadanos de Cataluña. Cuando consagra una

También es preciso rechazar por inaceptable la denominación de *lengua autonómica*, frecuente en los medios de comunicación llamados nacionales (y que se escriben desde y, a menudo, para la cosmovisión exclusiva de Madrid): ¡como si una lengua pudiese deber su existencia a la prodigalidad de un cierto estatuto de autonomía, igual que un organismo administrativo cualquiera!. Parecida inconcreción encierra el nombre de *lenguas del Estado*. Las lenguas no reciben su legitimidad del Estado, el Estado simplemente las incluye como un contenedor. Si este Estado es el español, son lenguas del Estado las lenguas del país (español, catalán/valenciano, gallego y vasco), las lenguas regionales (asturiano, aragonés, leonés, murciano, extremeño, etc., incluso árabe y bereber en Ceuta y Melilla), las lenguas de los inmigrantes (rumano, ucraniano, búlgaro, ewe…), las lenguas de los residentes extranjeros (inglés, alemán, noruego…) y así sucesivamente.

Lo de las lenguas regionales tiene más enjundia. En realidad la idea está implícita ya en la Constitución española de 1978 cuando dice:

> Artículo 3: 1. El castellano es la lengua española oficial del Estado. Todos los españoles tienen el deber de conocerla y el derecho de usarla. 2. Las demás lenguas españolas serán también oficiales en las respectivas Comunidades Autónomas de acuerdo con sus Estatutos. 3. La riqueza de las distintas modalidades lingüísticas de España es un patrimonio cultural que será objeto de especial respeto y protección.

Este texto admite que las lenguas mencionadas son también lenguas españolas, es decir, que pertenecen al patrimonio cultural de España en su conjunto, pero después las circunscribe a una comunidad autónoma determinada —lo que, desde siempre, se ha llamado región—, esto es, las trata como lenguas regionales, no como lenguas del país. Además, y la carencia legislativa ha estado en el origen de innumerables conflictos, no las denomina, es decir, no afirma con claridad cuáles son estas misteriosas «demás lenguas españolas». Probablemente el legislador obró así por dos razones: para evitar que la dualidad denominativa del romance oriental de la península —que en Cataluña, Baleares y fuera del dominio se conoce por *català* y que en el antiguo reino de Valencia siempre se ha llamado *valencià*— acabase degenerando en una polémica secesionista, algo que a la postre, como veremos, no se logró impedir; para evitar que las otras modalidades lingüísticas se colasen en la nómina de las anteriores, lo que también en este caso fracasó. Es táctica habitual de los políticos la de rehuir el enfrentamiento, practicar la ambigüedad y dejar que el tiempo arregle por sí solo los problemas. Pero esto, que para la práctica diaria del gobierno puede

---

lengua como la única aceptable, expulsa de la convivencia a los usuarios de la otra lengua, o los invita a montarse otra sociedad alternativa» (166).

resultar aceptable, para un texto legal de la importancia de la Constitución constituye un disparate y es la fuente inagotable de problemas futuros. Uno hubiera deseado que la Constitución de 1978 dijese simplemente la verdad, es decir:

Artículo *3: Las lenguas de España son cuatro: español, catalán/valenciano, gallego y vasco. Todas ellas se hablan en varias comunidades autónomas y han extendido su influencia cultural a todo el territorio español a lo largo de la historia; el español se emplea como lengua común en el conjunto de España. Junto a las anteriores lenguas del país existen otras lenguas regionales que se hablan en alguna región y que constituyen un valor cultural que es necesario defender.

Además está la cuestión de la oficialidad, de qué idiomas se consideran oficiales, con qué funciones y en qué demarcación territorial. Pero para tomar una decisión a este respecto es preciso tener en cuenta el proceso de constitución del espacio plurilingüe español, según haremos seguidamente. En cualquier caso es importante no perder la perspectiva. La redacción alternativa del artículo anterior expresa una situación de hecho que ha sido el resultado de factores muy complejos y la oficialidad que pudiera propugnarse para cada idioma sólo constituye la consecuencia legislativa de dicha situación factual, nunca a la inversa. Es un error creer que tal lengua va a crecer por ser declarada oficial o que tal otra va a retroceder por no serlo. El pueblo, el tercer estado, no tuvo reconocimiento legal hasta la Revolución francesa, pero no por ello aumentó su número a partir de dicho momento, tan sólo lo hicieron los derechos de sus miembros. En cuestión de lenguas, legislar basándose en arbitrarias concesiones de oficialidad que no reflejen la situación sociolingüística viene a ser tanto como predicar en el desierto.

# 5. LA TENDENCIA A CONSTITUIR KOINÉS

La Península Ibérica, fragmentada en decenas de valles tan apenas comunicados con el valle contiguo, no podía albergar otra cosa que decenas de idiomas, uno para cada valle o región natural. El nombre de idioma alude aquí a una modalidad lingüística sentida distinta y más o menos incomprensible para el forastero. Unas veces será el resultado de la escisión de una lengua anterior, otras veces se tratará de lenguas de origen diferente. Para el filólogo la diferencia es importante, pero para el hombre de la calle no: enfocando la España actual con este punto de vista, diríamos que el vasco, el español y el catalán son tres idiomas distintos porque los hablantes de uno de ellos no entienden sin preparación el otro, aunque filológicamente el vasco tiene un origen y el español y el catalán compartan una misma madre, la lengua latina.

No sabemos cuál era el panorama lingüístico de la península antes de la llegada de los romanos[8] en el siglo III a. J. C. Los autores griegos y romanos nos cuentan que en Hispania vivían muchos pueblos y nos refieren sus nombres; a veces aluden a sus lenguas señalando que unas son diferentes de otras, pero sin describirlas. No es sorprendente. Cada vez que los europeos han llegado modernamente a partes de la tierra pobladas por gentes de cultura primitiva —en América, en África, en Australia— se han encontrado con un panorama parecido, esto es, con una enorme fragmentación lingüística. Ello es debido a que las necesidades de los hombres primitivos se satisfacen plenamente dentro de su tribu y no necesitan tratar con otras gentes ni prácticamente moverse de los alrededores de su aldea. Aquellas gentes cultivaban o cazaban todo lo necesario para

---

8    La documentación, abundante pero compuesta de textos difíciles de interpretar, sólo permite trazar un panorama lingüístico muy diversificado: cfr. Jürgen Untermann, *Monumenta linguarum Hispanicarum*, Wiesbaden, Reichert, 1975-1997. Por eso faltan las visiones de conjunto fiables, hasta el punto de que todavía hoy se puede recomendar el librito de Antonio Tovar, *The Ancient Languages of Spain and Portugal*, New York, S. F. Vanni, 1961.

alimentarse y se fabricaban todos los útiles necesarios para vivir (desde la caba-
ña hasta los utensilios pasando por el vestido), de manera que casi no existían el
comercio ni la vida urbana. En estas condiciones, aun suponiendo que una
misma lengua se hubiese establecido sobre un territorio amplio, en unas pocas
generaciones la forma adoptada por dicha lengua en cada valle se habría separado del dialecto de los valles vecinos. Ocurre lo mismo en cualquier centro de
estudios: en cada clase se desarrollan expresiones que no conocen los alumnos
de las clases de al lado; normalmente llegan a conocerlas porque en el recreo o
en la calle se reúnen todos, pero si no fuese así y cada clase transmitiese estas
expresiones tan sólo a los estudiantes del curso siguiente, en unos pocos años el
colegio tendría varias jergas estudiantiles mutuamente incomprensibles.

Sin embargo, pese a lo que se acaba de decir, en la antigüedad la Península
Ibérica no sólo estaba fragmentada en tribus y lenguas, también existían lenguas supratribales. Esto fue debido a que la geografía impone una serie de
barreras horizontales, pero tan apenas fronteras verticales. La Península Ibérica
no es un cuadriculado, sino más bien una especie de jersey a rayas:

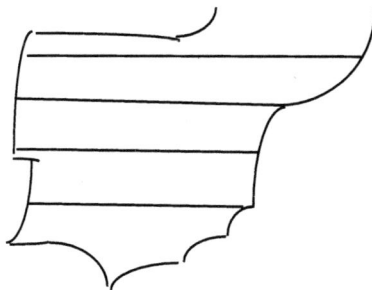

Entre el mar del norte, el Cantábrico, y los mares del sur, el Atlántico y el
Mediterráneo, se alinean una serie de cadenas montañosas horizontales entre las
que discurren los grandes ríos: el Duero, el Tajo, el Ebro (este con dirección
NO-SE), el Guadiana, el Guadalquivir. Por consiguiente, los pueblos diferentes
que se establecieron a orillas de estos ríos no tuvieron dificultades para relacionarse y tendieron a no diversificar excesivamente sus lenguas, de manera
que o bien hablaban todos el mismo idioma o bien, manteniendo cada tribu el
suyo, habían convertido uno de ellos en *koiné*, es decir, en lengua común
(κοινη viene del griego y significa «común»). Ello explica la curiosa distribución de los idiomas prerromanos en la Península Ibérica, tal y como permiten
suponer las inscripciones:

a) En todo el espacio que queda entre el sistema ibérico y el Mediterráneo, encontramos registros epigráficos en lengua ibera, aunque ello no nos permita asegurar que todos estos pueblos hablaban ibero;

b) En la cornisa cantábrica, esto es, entre el mar Cantábrico y la cordillera del mismo nombre, así como a ambos lados del Pirineo, la toponimia y algunos testimonios de viajeros e historiadores confirman la presencia de la lengua vasca, la cual se asentaba probablemente sobre otros idiomas también;

c) En los montes de Galicia y al sur del Miño hasta el Mondego había asentamientos de tipo céltico, con restos de lengua celta en topónimos;

d) En el valle del Guadalquivir parece que se asentó un pueblo de lengua desconocida, los tartesios, según nos refieren la Biblia y los cronistas griegos;

e) En los valles del Duero y del Tajo, es decir en el centro de la península, también se instalaron pueblos de origen celta, pero que escribían su lengua con alfabeto ibero: es lo que se conoce por celtíberos. Poseemos dos textos extensos en esta mezcla lingüística: dos bronces hallados en Botorrita, cerca de Zaragoza.

La situación se presenta así:

Como se puede ver —y ello es significativo— la diversidad lingüística de la península antes de la llegada de los romanos no difiere sustancialmente de la situación actual, al menos en las regiones norteñas: el vasco sigue hablándose en parte de su asentamiento primitivo; el catalán/valenciano ocupa a grandes rasgos el territorio del ibero; el gallego se superpone a la zona de lengua celta; el centro peninsular y el valle medio del Ebro, donde antaño se ubicaron los celtíberos, hablan hoy español. Compárese el mapa de arriba con el siguiente:

El ibero, el celta y el vasco (tal vez, el tartesio también) funcionaban sin duda como koinés, es decir, los empleaban tanto las tribus que los tenían en calidad de lengua materna como otras tribus que hablaban idiomas diferentes y necesitaban relacionarse con las anteriores. Distinta y más difícil de evaluar es la posición idiomática del grupo celtíbero. Hemos dicho que eran gentes que hablaban una lengua de tipo céltico y la escribían con alfabeto ibérico. La pregunta es: ¿por qué? Si reparamos en situaciones similares en otras partes del mundo, nos daremos cuenta de que se trata de un mecanismo de autodefensa. Los celtas estaban culturalmente menos desarrollados que los iberos y tenían dos posibilidades; o abandonar el celta —como koiné— y adoptar el ibero; o mantener el celta aprovechando del ibero lo que aquel no podía ofrecer, es decir, un silabario (alfabeto en el que cada letra representa una sílaba) consolidado. Hicieron lo segundo y fue una solución audaz e inteligente: así nació el celtíbero, que también era una koiné, aunque especial; la llamaremos koiné protectora.

Un caso parecido, si bien diferente en sus motivaciones, se daría siglos después en la antigua Persia, el país que hoy conocemos por el nombre de Irán. En el siglo VII de nuestra era, los ejércitos del Islam se lanzaron desde Arabia a todo el mundo conocido a predicar la nueva religión. Así fueron cayendo uno tras otro una serie de países con lenguas diferentes. El Islam no pretendía imponer el árabe, tan sólo la religión musulmana. Pero el árabe era la lengua del Corán, el libro sagrado, y naturalmente gozaba de un respeto y de un prestigio especiales. Como consecuencia de ello, estos países abandonaron sus lenguas y adoptaron la lengua árabe: Palestina olvidó el arameo, Siria, el siriaco, Egipto, el egipcio, Marruecos y Tunicia, el bereber, Al-Andalus, el mozárabe. Hoy día, salvo España (Al-Andalus), que fue reconquistada por los cristianos y erradicó el Islam, todos estos países hablan árabe, si bien quedan todavía restos de los antiguos idiomas precoránicos (por ejemplo, en el Rif y en el Atlas marroquíes). Sin embargo, hubo un país que defendió su cultura ancestral sin dejarse avasallar por completo: Persia. Convertida al islamismo, adoptó el alifato (alfabeto) árabe para escribir su lengua indoeuropea, el persa, la cual ha logrado pervivir hasta ahora. La situación del persa y la del celtíbero resultan comparables, ambos funcionan como koinés protectoras:

|  | SE ESCRIBE | SE HABLA |
|---|---|---|
| PERSA | con alifato árabe | lengua indoeuropea |
| CELTÍBERO | con silabario ibero | lengua indoeuropea |

# 6. LA DISTRIBUCIÓN DE LAS LENGUAS DEL MUNDO

Este desarrollo horizontal de las corrientes culturales y, con ellas, de las lenguas, lo impone la geografía en la Península Ibérica, pero no tiene nada de particular[9]. Si se examina el mapa de África, se advertirá que a gran escala ocurre lo mismo. Al norte, tenemos la lengua árabe, entre el mar Mediterráneo y el desierto del Sáhara; en medio, en las sabanas que se extienden entre el Sáhara y la selva tropical, más o menos hasta el río Congo, se hablan las llamadas lenguas nilo-saharianas; al sur, entre el río Congo y el cabo de Buena Esperanza, en lo que es bosque húmedo, predominan las leguas bantúes. Es fácil entender que los nómadas, acostumbrados a vivir en el desierto, cruzaban el continente africano con facilidad desde el Nilo hasta el Atlas en sus caravanas, pero no estaban preparados para penetrar con sus camellos en el corazón de la selva virgen; y a la inversa, los zulús o los watusi, adaptados a vivir en la selva, se habrían extinguido rápidamente caso de ascender hasta el desierto del norte:

---

9    Para una detallada exposición de este planteamiento en Antropología y Etnología véase Francisco Fernández Armesto, *Civilizaciones*, Madrid, Taurus, 2002.

Este reparto horizontal se repite en Asia. Primero, en Siberia, hay una franja de idiomas fino-ugrios hablados por pueblos cazadores y pescadores acostumbrados a vivir entre los hielos; después vienen las grandes estepas, que son ocupadas por pueblos nómadas de lengua turca o mongol, grandes jinetes y feroces guerreros; a continuación la gran mancha de las lenguas sinotibetanas, el chino, el vietnamita, el thai, etc.; finalmente las lenguas indoeuropeas y las dravídicas en la India y al sur los idiomas malayos como el indonesio o el filipino:

Otras veces el reparto es a la vez vertical y horizontal, pero también lo ha inducido la geografía, es decir, las condiciones naturales. Por ejemplo, en América del Sur, antes de que el español y el portugués se expandiesen por todo el subcontinente, había tres zonas naturales muy claras: la región horizontal del Caribe, esto es, las tierras bajas a las que llegó Colón en su segundo viaje, las cuales hablaban lenguas del grupo caribe y del grupo arahuaco; la región vertical comprendida entre la cordillera de los Andes y el Pacífico, desde el istmo de Panamá hasta la Patagonia, donde se hablan sucesivamente lenguas chibchas, lenguas quechuas o aymarás y lenguas araucanas; la Amazonia, la inmensa selva tropical comprendida entre los Andes y el Atlántico, donde se hablan lenguas gé en la cuenca del Amazonas y de sus afluentes y más abajo, en la cuenca del Paraná-Paraguay, lenguas tupí-guaraní. Como se puede ver, la distribución también es horizontal porque las regiones naturales, como en el resto del mundo, son franjas que se alinean entre dos paralelos ya que las diferencias de temperatura y de pluviosidad (con los correspondientes espacios ecológicos que propician determinadas especies vegetales y animales) van de norte a sur, no de este a oeste. Sin embargo, la cordillera de los Andes, esa espina dorsal del continente americano que se continúa en América del Norte por las Montañas Rocosas, quiebra hasta cierto punto la distribución horizontal combinándola con una tensión complementaria de tipo vertical:

Si ahora examinamos el mapa lingüístico de Europa, advertiremos que las franjas no son ni horizontales ni verticales, sino más bien oblicuas, con dirección SO-NE: primero hay una banda de idiomas germánicos (el inglés, el holandés, el alemán, los escandinavos), luego otra banda de idiomas eslavos (el polaco, el checo, el eslovaco, el serbo-croata, el búlgaro y el ucraniano); finalmente, en el extremo meridional aparecen la lenguas románicas (el gallego-portugués, el español, el catalán/valenciano, el francés, el italiano, el rumano):

LENGUAS GERMÁNICAS

LENGUAS ESLAVAS

LENGUAS ROMÁNICAS

Esta distribución tan curiosa, distinta a la de Asia, África y hasta América, obedece a una combinación de la geografía con la historia. La geografía impone, como siempre, franjas horizontales acomodadas a la sucesión de climas y especies naturales: la región de los hielos y de los fiordos correspondería teóricamente a los germanos, las grandes estepas centrales, a los eslavos, las orillas del Mediterráneo, donde florecen la vid y el olivo, a los latinos. Pero Europa más que un continente es un simple extremo de Asia y su historia antigua ha consistido en sucesivas oleadas de pueblos asiáticos venidos del Este que han empujado a otros, previamente establecidos, hacia el Oeste. Cuando se empuja lateralmente un montón de ladrillos o de libros apilados cerca de la base, el resultado es una inclinación del conjunto:

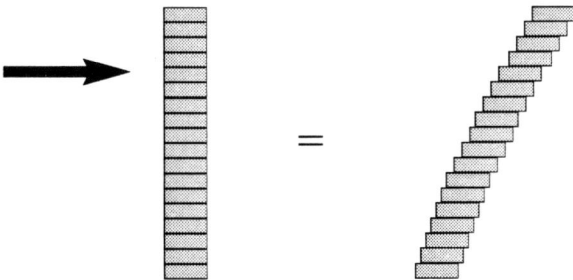

Por eso los pueblos y las lenguas europeas acabaron adoptando una disposición oblicua, porque desde Asia central, en torno a la región del Cáucaso, no dejaron de llegar invasiones. La más antigua tal vez fuese la que nos trajo la lengua vasca, último resto de los pobladores primitivos de Europa y que se ha emparentado lejanamente con lenguas caucásicas como el georgiano o el abjaz[10]. Le siguieron muchas otras, primero la de los celtas y la de los latinos, luego la de los germanos y finalmente la de los eslavos.

10    Cfr. Ángel López García, «Una hipótesis tipológica relativa a la lengua vasca», *Symbolae L. Mitxelena*, II, Vitoria, UPV, 1985, 849-859 y «Lenguas de Asia y Geografía: ¿origen caucásico del vasco?», en Juan de Dios Luque (ed.), *Lenguas y Culturas de Oriente*, Granada, Método, 2004, 7-13.

# 7. DOS TENSIONES CONTRAPUESTAS EN LA PENÍNSULA IBÉRICA

El panorama lingüístico de la Península Ibérica es, como en el resto de Europa, resultado de dos tensiones contrapuestas:

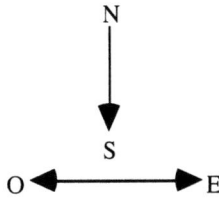

Sin embargo, ahora no tenemos franjas oblicuas, es decir, algo así como:

sino el conocido mapa que reproducen una y otra vez los textos escolares:

¿Qué ha pasado aquí? Por lo pronto, adviértase que la distribución tiende a ser vertical y no horizontal, es decir, que debe más a la historia que a la geografía: al oeste tenemos el gallego-portugués, en el centro aparece el español; al este se instala el catalán/valenciano; además hay un pequeño núcleo de vasco en el norte. Otra cosa curiosa es que el español parece haberse ido ensanchando progresivamente de norte a sur y haber ganado terreno a costa de sus vecinos, sobre todo a costa del valenciano. Es como un río que en el curso alto se mantiene dentro de los límites que le señalan sus orillas, pero que conforme se acerca a la desembocadura va expandiéndose a ambos lados y termina produciendo una forma triangular que se suele llamar delta (el del Ebro o el del Nilo son casos muy claros). La explicación que se suele ofrecer de este mapa es sorprendentemente simplista y, lo que es más curioso, la han propuesto filólogos de gran prestigio[11]: se supone que el español era la lengua de un pueblo más emprendedor y combativo que

---

11   Señaladamente Ramón Menéndez Pidal, *Orígenes del español. Estado lingüístico de la Península Ibérica hasta el siglo XI*, Madrid, Espasa-Calpe, 1926, quien compara el carácter revolucionario de la tradición jurídica castellana con el carácter innovador del idioma castellano, el cual le habría llevado a expandirse como una cuña a costa de las lenguas vecinas: «Y añadamos una curiosísima coincidencia: Castilla, que, caracterizada por su derecho consuetudinario local, se opone al derecho escrito dominante en el resto de España, es la región que da la lengua literaria principal de la Península; cosa análoga pasa en Francia: el país se divide en dos regiones: la del Norte, de derecho consuetudinario, y la del Sur, de derecho escrito; la frontera territorial de estas dos grandes zonas coincide poco más o menos con la

los demás, por lo que les fue pisando el terreno y la cosa quedó como la vemos hoy. Ahora mismo estudiaremos qué hay de cierto en ello. Digamos, no obstante, de entrada, que esta supuesta falta de empuje de los hablantes de gallego-portugués y de catalán/valenciano no les impidió a los primeros extender su idioma por medio mundo (por Brasil, Angola y Mozambique, sin ir más lejos) y a los segundos tampoco les privó de una notable expansión por toda la cuenca del Mediterráneo (por Nápoles, Sicilia y Cerdeña, así como por Rodas y la Grecia continental), lo cual no deja de ser curioso.

Para comprender el mapa de arriba hay que tener en cuenta que la Península Ibérica ha tenido una historia única en Europa y, tal vez, en el mundo. Los pueblos europeos occidentales han ocupado desde su nacimiento el solar que les sirvió de origen: ingleses, franceses, alemanes, daneses, holandeses o italianos siempre han vivido donde viven hoy, aunque con variaciones territoriales impuestas por las guerras y los avatares políticos. Por su parte, los pueblos europeos orientales fueron invadidos por otros pueblos y, tras periodos más o menos largos de ocupación, terminaron recuperando su independencia. En cualquier caso, tampoco se movieron tan apenas de su asentamiento primitivo. Así, Polonia fue repartida hasta tres veces entre Austria, Alemania y Rusia, pero Varsovia, Cracovia o Lodz siempre hablaron polaco; lo mismo puede decirse de Bohemia y Moravia, regiones que estuvieron varios siglos subordinadas a Austria, pero que no por ello dejaron de ser checas. En cuanto a los eslavos meridionales (serbios, croatas, bosnios, búlgaros, macedonios), formaron parte del imperio turco entre el siglo XVI y el XIX, junto con los griegos, los húngaros, los rumanos y los albaneses: en algún caso cambiaron de religión (bosnios, albaneses), pero nunca de lengua, por lo que este periodo de su historia no dejó de ser como una especie de sarampión. En suma que las naciones europeas, independientes políticamente o no, ocupan su

---

que es corriente considerar como frontera entre el francés y el provenzal (98.2) ... La constitución de la lengua literaria española depende esencialmente de este fenómeno que tan reiteradas veces hemos observado: la nota diferencial castellana obra como una cuña que, clavada al Norte, rompe la antigua unidad de ciertos caracteres comunes románicos antes extendidos por la Península, y penetra hasta Andalucía ... borrando los dialectos mozárabes y en gran parte también los leoneses y aragoneses» (106.5)». Por sorprendente que parezca este teleologismo epistemológico y la muy simplista correspondencia establecida entre Castilla y la región de l'Île de France (sin reparar en que allí está París), ha estado vigente desde que se formuló, incluso en las regiones bilingües españolas, donde lo atacan en lo ideológico, pero parecen aceptarlo en lo científico. Ha tenido que ser fuera de la Península Ibérica donde esta cuestión se atienda desde perspectivas racionales e imparciales: Johannes Kabatek, «Dos Españas, dos normalidades: visiones bipolares sobre las lenguas y la situación lingüística en la España actual», en Gero Arnscheidt y Pere Joan i Tous (eds.), *«Una de las dos Españas...».* *Representaciones de un conflicto identitario en la historia y en las literaturas hispánicas* *(Homenaje a Manfred Tietz)*, Madrid/Frankfurt, Iberoamericana/Vervuert, 2007, 803-816.

solar primitivo desde que llegaron al continente europeo; en él desarrollaron sus costumbres, su cultura y su lengua:

MAPA 8

El caso de la Península Ibérica fue excepcional. El imperio romano fijó sus ojos en ella en el siglo III a. J. C. porque sus enemigos los cartagineses (un pueblo fenicio del norte de África) habían intentado crear una colonia para sorprender a Roma por la espalda. Después de numerosas peripecias que se conocen por el nombre de guerras púnicas, los cartagineses fueron derrotados y Roma se instaló en torno a dos grandes capitales que había fundado, Tarraco (Tarragona), que era la capital de la provincia Tarraconense, e Hispalis (Sevilla), que era la capital de la Bética. A partir de este momento se produce un lento avance por el valle del Ebro hacia el NO y por el valle del Guadalquivir hacia el N, avance que no terminaría hasta la derrota de los cántabros y los vascones en el siglo I. d. J. C. Aunque Roma nunca impuso su lengua, el latín, lo cierto es que poco a poco los habitantes de la península se fueron latinizando y olvidando sus antiguos idiomas, conscientes de las ventajas que les reportaba participar en la cultura romana. Este proceso fue gradual y aún no estaba terminado en el siglo V, cuando cae el imperio romano de Occidente en poder de los bárbaros. Al norte, los vascones conservaron su lengua hasta hoy, si bien en la época romana el vasco ocupaba una extensión territorial mucho mayor, como veremos. En el centro y en el noroeste, la romanización fue más débil y es posible que algunos de estos pueblos empezaran a hablar un latín poco cuidado sólo a finales del periodo romano. En las zonas que desde el principio estuvieron abiertas a la influencia romana, es decir, en la costa Mediterránea, en el valle del Ebro y en el valle del Guadalquivir, la latinización fue temprana y muy pronto estas regiones en nada diferían de la propia Roma (de hecho, emperadores como Trajano y Adriano, y filósofos como Séneca eran hispanos de nacimiento):

Este proceso de romanización cultural progresiva y de latinización en grados diversos del territorio hispánico no tiene nada de particular y conserva, en lo esencial, la distribución horizontal de los pueblos prerromanos. En otras partes de Europa había sucedido lo mismo. También en la Galia Transalpina (Francia) estaban más romanizadas las regiones del Mediterráneo próximas a Roma (Marsella, Narbona, Lyon, Toulouse) y lo estaban mucho menos las del Atlántico (París, Burdeos, Lieja, Tours); incluso había regiones periféricas como Bretaña que seguían hablando celta (según el modelo de los vascones,

aunque el celta ya es indoeuropeo). Y en Germania (Alemania), pese a no triun-
far el latín, también se distinguían zonas romanizadas, próximas al Rin, como
Maguncia y Tréveris, y zonas poco o nada romanizadas, alejadas de las ciudades del imperio, como Berlín o Leipzig:

MAPA 10
IMPERIO ROMANO
S.II D J.C

La invasión de los bárbaros, que dio al traste con el imperio romano de
Occidente, no alteró prácticamente dicha situación. En Hispania se instalaron
los visigodos (en Galicia, primero los suevos) y, como antes, todos —menos los
vascones— siguieron hablando latín, buen latín en el sur y en el este, peor latín
en el norte, centro y oeste. En la Galia se instalaron los francos, en el norte, y
los visigodos, en el sur, sin que tan apenas cambiase el mapa lingüístico del
latín, como tampoco lo hizo en otros lugares. Esto fue debido a que las tribus
germánicas que se abatieron sobre Roma ya estaban profundamente romanizadas y, en ocasiones, hasta latinizadas. En realidad, los germanos llevaban siglos
presionando sobre las fronteras del imperio porque a su vez otros pueblos les
empujaban a ellos por la espalda. La política de Roma había alternado guerras
y alianzas, pero, en general, tendía a asimilar a los germanos, bien como solda-
dos de sus legiones, bien como ciudadanos amigos de regiones confederadas
junto a la frontera (el *limes*) imperial. Estos germanos, que finalmente ocupa-
ron las distintas provincias del imperio romano, no querían otra cosa que asi-

milarse y gozar de la cultura romana, aunque al principio destruyeran muchas ciudades para tomar el poder político. En Hispania no sabemos cuándo dejaron de hablar su lengua los pocos visigodos que vinieron para pasarse al latín de la mayoría de la población. Sea como sea, cuando el monarca visigodo Recaredo se convierta al cristianismo en el siglo VI y abjure de las creencias arrianas que hasta entonces había practicado su gente —y eso que el arrianismo no dejaba de ser una herejía cristiana—, la fusión entre ambos pueblos será completa.

Todo esto contrasta vivamente con el impacto que supuso para los habitantes de la Península Ibérica la llegada del Islam. Es verdad que se trataba de una gran cultura y que los hispanos tan apenas opusieron resistencia, como tampoco la habían opuesto a la invasión visigoda. También es cierto que, durante la Edad Media, cristianos y musulmanes alternaron guerras y paces, que hubo territorios cristianos feudatarios del califato de Córdoba primero y taifas musulmanas feudatarias de los reinos cristianos más tarde. Finalmente, es conocido que España fue durante la Edad Media el país de las tres religiones y que las respectivas civilizaciones convivieron fructífera y armoniosamente durante largos periodos en ciudades como Toledo (Castilla), Tarazona (Aragón) o Tudela (Navarra). Pero una cosa es reconocer lo mucho que debemos a Al-Andalus (de hecho todas las lenguas peninsulares, incluido el vasco, tienen numerosos arabismos) y otra obstinarse en pasar por alto la incompatibilidad del nuevo régimen con lo que hasta ese momento había sido Hispania.

El Islam no era una rama del cristianismo, como lo habían sido los arrianos y como luego lo serían los ortodoxos o los protestantes. Tampoco los árabes pertenecían al mundo europeo, no hablaban latín ni ninguna otra lengua indoeuropea. La expansión de la doctrina de Mahoma por la cuenca del Mediterráneo creó una falla en el mundo antiguo, la cual no se ha superado hasta hoy. El imperio romano de Augusto y Trajano abarcaba casi todo el orbe conocido y no hacía distingos entre el norte y el sur del Mare Nostrum, como tampoco los hicieron sus sucesores cristianos desde que Teodosio declaró el cristianismo religión oficial del imperio: tan romano y cristiano era Jerónimo, el redactor de la *Vulgata*, como Agustín, el autor de la *Ciudad de Dios*, aunque el primero hubiera nacido en Italia y el segundo en Túnez. Pero con la llegada del Islam, el panorama cambió: ambas religiones, cristianismo e islamismo, eran monoteístas y, además, proselitistas, excluían a todas las demás religiones y se veían impelidas a extenderse por todo el mundo. El resultado, inevitable, fue una confrontación en todos los órdenes —militar, político, económico y lingüístico—. Las provincias romanas que entonces se convirtieron al Islam, pasaron a hablar árabe (con la excepción de Persia, ya explicada) y dejaron de pertenecer a Occidente: Marruecos (pese a que Magreb significa precisamente Poniente),

Argelia, Túnez, Libia, Egipto, Siria, Palestina, Irak, eran territorios romanos en los que aún quedan numerosos restos arqueológicos de dicha procedencia, pero hoy forman parte del mundo islámico. Por el contrario, tras la derrota de los árabes en Poitiers (732), las provincias romanas del norte del Mediterráneo siguieron formando parte de Europa y hoy constituyen eso que se suele llamar Occidente: Francia, Alemania, Italia, Gran Bretaña, Irlanda, Dinamarca, Suecia, Polonia, Rumanía, Serbia, Grecia, etc., siguen siendo cristianas (en alguna de sus versiones) y, aunque no siempre hablan lenguas derivadas del latín, pertenecen al universo cultural romano o bizantino.

Sólo Hispania se sale de este panorama dual. La Península Ibérica fue ocupada casi totalmente por las tropas musulmanas, pero tras ocho siglos de guerra (¡ocho siglos!), los cristianos que se habían refugiado en las montañas del norte lograron expulsar a los últimos musulmanes y reintegrar el territorio a Occidente. Reintegración que se da en todos los órdenes: en lo religioso, porque donde antes se practicaba el Islam, ahora vuelve el culto cristiano; en lo lingüístico, porque donde antes se había terminado por hablar sólo árabe, ahora vuelve el latín, un latín más o menos transformado que se llamará gallego, portugués, leonés, asturiano, castellano, navarro, aragonés, catalán o valenciano; en lo cultural, porque las costumbres de Oriente ceden el paso a las de Occidente; en lo político y económico, porque la mirada de los reinos peninsulares y, luego, la de los dos estados que hoy se reparten el territorio se dirige sólo hacia el norte y, más tarde, hacia el oeste americano, pero rara vez hacia el sur.

Podemos lamentar que las cosas hayan sido así y que en la Península Ibérica se haya perdido una ocasión de oro para sellar un acuerdo entre ambas civilizaciones, una civilización mestiza cristiano-musulmana. Hay autores (como Juan Goytisolo) que así lo sostienen y que han argumentado convincentemente en dicho sentido. Sin embargo, las cosas son como son. Los reinos peninsulares del medioevo se hicieron contra el Islam, fueron fundados precisamente para arrebatarle al Islam lo que este había arrebatado a la vieja Hispania romanovisigoda. Todos ellos coinciden en haber llevado adelante una empresa común que se llamó la Reconquista y que consistió en ir avanzando y ocupando tierras siempre hacia el sur: así lo hicieron Portugal, León (que incluía Galicia), Castilla, Navarra, Aragón y Cataluña. Y la consecuencia lingüística de todo esto fue que a la tensión horizontal, que imponía la naturaleza, se sumó una segunda tensión, política y militar, opuesta a las exigencias del medio natural, una tensión vertical:

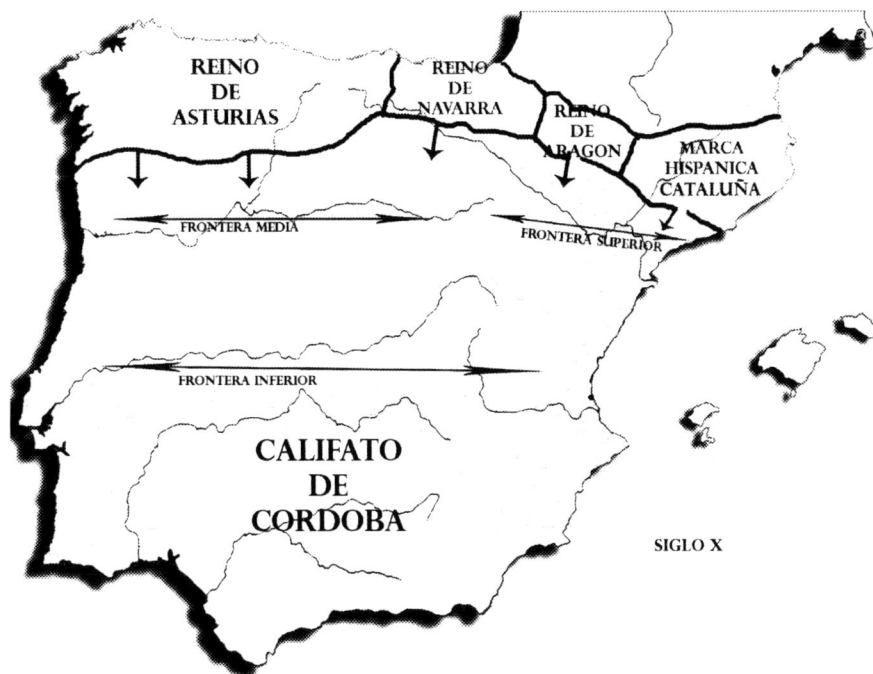

Es esta tensión vertical la que llevó el portugués al sur del Mondego, a Lisboa y luego al Algarve; es esta tensión vertical la que condujo el leonés más allá del Duero, a tierras de Zamora, Salamanca y Extremadura; es esta tensión vertical igualmente la que hizo que Castilla cruzase dicho río, y luego el Tajo, hasta Toledo, e incluso, junto con León, el Guadalquivir en Córdoba y Sevilla; como fue también a causa de esta tensión vertical por lo que Navarra, el reino de los vascones, llegó a Tudela en el valle medio del Ebro; es esta misma tensión vertical la que condujo a Aragón a alcanzar la línea del Ebro, en Zaragoza, y luego la del Turia, en Teruel; y, en fin, sin dicha tensión vertical, Cataluña, un principado que miraba hacia el sur de Francia y cuyos poetas escribían en occitano, nunca habría emprendido la conquista de las Baleares ni la de Valencia (esta junto con Aragón).

¿Cómo fue ello posible? ¿A qué fue debida esta singularidad de la Península Ibérica? Si la comparamos con la isla de Sicilia, otro mundo cerrado que también fue ocupado por los árabes en la Edad Media, advertiremos la diferencia. Mientras que los cristianos sicilianos rebeldes no tenían dónde esconderse, los cristianos del reino visigodo de Hispania hallaron fácil refugio en las montañas del norte, en el macizo gallego, en la cordillera Cantábrica y en el Pirineo. Allí, en unos parajes escabrosos en los que tan apenas se habían atrevido a penetrar los romanos, surgieron pequeños reinos o principados que fueron apoyados por los cristianos del norte de Europa, sobre todo por los francos. Era una manera cómoda de defenderse de los árabes a los que acababan de rechazar. Todas las grandes potencias intentan situar un cinturón protector entre ellas y sus enemigos. Por ejemplo, tras la segunda guerra mundial, la URSS estableció un rosario de países satélites (Polonia, la República Democrática de Alemania, Hungría, Checoeslovaquia, etc.) con los que evitaba el enfrentamiento directo con los misiles y los aviones de las bases norteamericanas de Alemania, Francia e Italia. Los francos hicieron lo mismo durante la Edad Media: por eso alentaron y, en ocasiones, rigieron directamente como feudos los incipientes reinos o principados de León, Castilla, Navarra, Aragón y Cataluña, luego también Portugal. Estas unidades políticas llevaron sus respectivos idiomas hacia el sur y, saltando barreras naturales que se habrían opuesto a una expansión espontánea y no militar, como son los ríos y las cadenas montañesas, estuvieron a punto de producir un mapa lingüístico parecido al siguiente:

# 8. EL VASCO Y LA KOINÉ PROTECTORA

Sin embargo, el mapa anterior no llegó a producirse y, según dijimos arriba, el castellano desbordó en apariencia los límites laterales que le correspondían taponando la expansión del romance navarro y comiéndose amplios espacios que parecían reservados al leonés, al aragonés e, incluso, al catalán. Lo primero tiene una explicación política porque, a la muerte de Sancho el Mayor, Navarra quedó encerrada entre Castilla y Aragón y dejó de poder expandirse hacia el sur a costa de Al-Andalus. Pero lo segundo reclama una explicación más convincente que esa pretendida superioridad del castellano sobre los otros romances. Todos los filólogos coinciden en que *el español es una lengua románica rara*, una lengua que ha evolucionado desde el latín de manera diferente a la de las otras lenguas románicas de la Península Ibérica o de fuera de ella. Por ejemplo, lo que los romanos llamaban FILIA, es decir, la niña que representa el fruto de una pareja, se dice *filha* en gallego-portugués, *fiya* en asturiano-leonés, *filla* en catalán/valenciano y en aragonés, *fille* en francés y *figlia* en italiano. En todos los casos, el aire latino se conserva bastante bien; la palabra empieza por f- y la consonante intermedia es una palatal (una elle), casi siempre lateral y en un caso central, aunque antes fue igualmente lateral. No hay duda de que cuando hablamos cualquiera de estas variedades romances, seguimos hablando latín. Pero en español resulta que FILIA se dice *hija*; ya no hay f- y la h- no se pronuncia, si bien antes expresaba una aspiración; tampoco hay una segunda consonante palatal, es una velar (la jota): ¿seguimos hablando latín? Los ejemplos podrían multiplicarse. La impresión que da el español es la de ser una lengua romance poco respetuosa con el latín de donde procede, no la de una lengua apegada a los usos latinos. Sus defensores la han llamado «revolucionaria» y pretenden que por eso se impuso a sus vecinas, pero dicho argumento resulta absurdo en la Edad Media. Para los países de Europa occidental el latín era su referencia cultural fundamental, era la lengua del Imperio Romano, la unidad política de la que se sabían herederos, y que la Iglesia de Roma había conseguido salvar en lo espiritual. En la Edad Media las cosas serias —el culto, las leyes, las universidades— se hacían en latín y a lo mejor que podía aspirar una lengua románica era a parecerse cuanto pudiese a dicho latín. Sólo en el Renacimiento se empezarán a reivindicar las lenguas románicas, comenzando por el italiano (el florentino de Dante, Petrarca y Bocaccio) en la obra de Pietro Bembo *Prose della volgar lingua* (1525).

Pensar que en el reino de León —el cual se consideraba el continuador de la monarquía visigótica y cuya compilación jurídica, el Fuero Juzgo, está escrita en leonés— la gente podría abandonar su leonés casi latino para adoptar el castellano, un latín bárbaro y revolucionario, parece un disparate. Sería como pretender que los ingleses con acento de Oxford y orgullosos del parecido que su forma de hablar tiene con la lengua de Shakespeare de repente se pasan al *cockney* (el argot de los barrios bajos londinenses) porque es más revolucionario, más rupturista, en definitiva, menos inglés. Lo sorprendente es que en el centro de la Península Ibérica dicho disparate se produjo y así lo atestiguan los textos: a partir de cierto momento, los escritores del reino de León (que incluía Castilla en un extremo), luego del reino de Castilla-León, dejan de usar el latín evolucionado elegante, esto es, el leonés, y se ponen a escribir en el latín bárbaro, en español.

Todavía ocurrió un disparate mayor. En Aragón, un reino que se pasó casi toda la Edad Media guerreando con los castellanos, un reino que formaba una confederación con catalanes, valencianos y baleáricos, también abandonaron en apariencia su romance próximo al latín para pasarse al bando del romance enemigo: desde el siglo XIII los documentos aragoneses están básicamente en español, incluso los del archivo del Pilar, que ya es decir. Adviértase que este disparate es doble. Por un lado consiste en abandonar la lengua propia y adoptar la del enemigo, más o menos como si los ingleses de los que hablábamos arriba de repente hubieran decidido expresarse en alemán (otra lengua germánica) en plena segunda guerra mundial. Se diga lo que se diga, esto es inverosímil. Por otro lado, el aragonés era un romance mucho más parecido a la otra lengua de la Corona, el catalán, que al castellano. Los documentos de la Cancillería real catalanoaragonesa eran bilingües, se escribían en catalán y en aragonés, además de en latín; ¿qué sentido tenía que unos escribas que podían pasar fácilmente del aragonés al catalán, y a la inversa, hicieran el esfuerzo de dejar el primero y ponerse a escribir en castellano?

Las cosas raras tienen causas especiales que hay que descubrir. Y aquí es donde entra en escena el euskera, la lengua vasca. Se suele decir que el euskera es una lengua antiquísima, mucho más que las otras lenguas de la península. Esto, dicho así, no es verdad. Todas las lenguas (salvo los criollos) tienen la misma antigüedad. No sabemos cómo se llamaba el euskera en el siglo I. d. J. C., pero

sí sabemos cómo se llamaba el catalán: se llamaba latín. Suponiendo que entonces el euskera también se llamase euskera, no por eso sería comprensible para
los vascohablantes de hoy en día. De la misma manera, aunque la lengua de
Rumanía se llame rumano (romano, lengua de Roma), no es más antigua que el
español ni está más cerca del latín que este último. Pero, aclarado este punto
que suele provocar confusión, una cosa sí es cierta: el euskera es la lengua más
antigua de España y, probablemente, de Europa, es decir, llegó a la Península
Ibérica mucho antes que el latín de donde salieron el gallego-portugués, el español y el catalán/valenciano.

Aún hay otra propiedad más notable del euskera y es que no comparte el privi-
legio de haber llegado a Europa antes que otras lenguas con ningún otro idioma. El euskera es el único resto de las lenguas que se hablaban en Europa antes
de la llegada de los indoeuropeos. Existen otras lenguas de tronco diferente,
como el finés y el húngaro (familia finougria) o el maltés, pero llegaron más
tarde. Los vascos están justamente orgullosos de esta peculiaridad. Sin embargo, la explicación que se suele dar resulta poco convincente. Se dice que el latín
no llegó a borrar la lengua vasca (como sí borró el celta o el ibero) a causa del
aislamiento con que la orografía ha modelado el territorio. En otras palabras:
encerrados en sus valles inaccesibles, se supone que los vascos conservaron su
lengua porque los romanos tan apenas llegaron a entrar en contacto con ellos.
No obstante, este argumento es erróneo por dos razones. Primero porque el País
Vasco (donde, por cierto, no sólo hay montañas, sino también excelentes playas
y puertos de mar) fue mucho más romanizado de lo que se suele afirmar[12] y los
testimonios arqueológicos que cada día se van descubriendo así lo atestiguan:
otra cosa es que no fuera latinizado con la misma intensidad, que es diferente.
Segundo, porque en Europa existen zonas muchísimo más inaccesibles que el
País Vasco (piénsese en Suiza o en Islandia) y en todas ellas los idiomas indoeuropeos borraron el sustrato precedente.

La debilidad del argumento de la inaccesibilidad se prueba de manera concluyente considerando lo que sucedió en el Pirineo, en la propia Península Ibérica.
Si hubiese existido una relación directa entre la pervivencia de la lengua y el
grado de aislamiento de los hablantes, habría sido de esperar que los euskaldunes más aislados hubieran conservado el euskera y los que vivían en territorios
más abiertos, lo hubieran perdido. Esto es, efectivamente, lo que constatamos
en época moderna, donde el vasco retrocede desde la línea Estella-Tafalla en el

---

12    Véase Luis Michelena, «El elemento latino-románico en la lengua vasca», *Fontes Linguae
      Vasconum*, 6, 1974, 183-209 y «Romanización y lengua vasca», *Fontes Linguae Vasconum*,
      16, 1984, 9-29; Mª Teresa Echenique, *Historia lingüística vasco-románica*, Madrid,
      Paraninfo, 1987.

siglo XVI hasta los límites actuales. Pero en la antigüedad fue diferente. Sabemos positivamente, por la toponimia y por algunos testimonios documentales, que antes de la llegada de los romanos el vasco ocupaba una extensión muy superior a la actual. Por el este llegaba hasta la Costa Brava en el mar Mediterráneo, extendiéndose a lo largo de las laderas del Pirineo; por el oeste penetraba profundamente en Cantabria y en Asturias, habiendo autores que lo amplían hasta La Coruña:

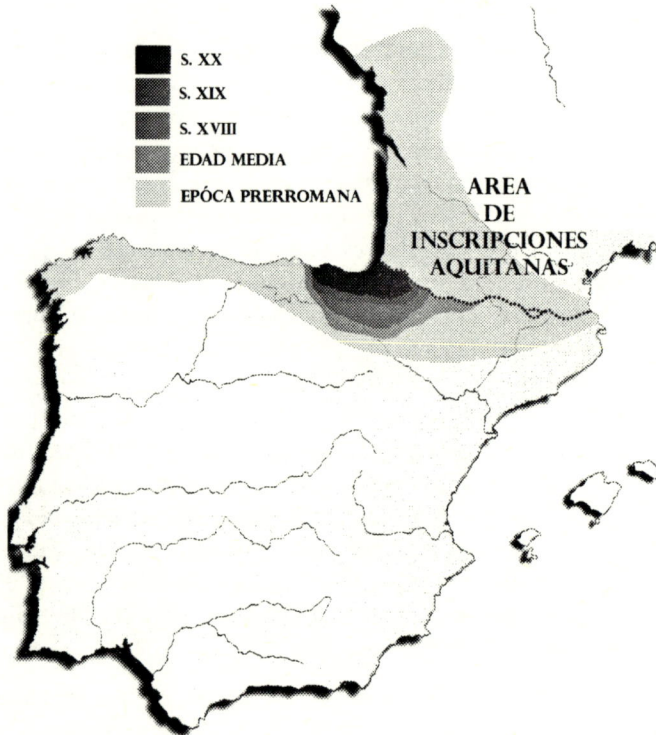

La extensión occidental del euskera es muy discutida, pues a menudo se confunden los pueblos con las lenguas y, en cualquier caso, los testimonios comprobados de hablantes de euskera durante la Edad Media no llegan más allá de Burgos (el valle de Ojacastro, por ejemplo). En cambio, la extensión oriental está atestiguada con seguridad: sabemos que en las comarcas pirenaicas de Ribagorza y del Pallars se hablaba vasco hasta el siglo XI (!) y sólo entonces fue sustituido por el aragonés o por el catalán. Pero estos territorios son precisamente los de mayor aislamiento geográfico: ¿por qué se perdió el vasco en los abruptos valles de los ríos Ésera, Noguera Ribagorzana y Noguera Pallaresa, territorios que estaban prácticamente aislados de la tierra llana por altísimas montañas hasta fecha reciente, y no lo hizo en el Roncal, en la sierra de Urbasa o en la costa Cantábrica, zonas a las que se llegaba con mucha mayor facilidad? El testimonio de la romanización es concluyente: como era de esperar, hay muchos más restos romanos en la segunda zona que en la primera.

Para contestar la pregunta anterior sólo podemos ensayar una respuesta: porque en la segunda zona el vasco pudo defenderse del latín ingeniándoselas para convivir con él y en la primera no. ¿Qué queremos decir con *defenderse del latín*? Durante la Edad Media en Europa occidental el latín gozó de un enorme prestigio, pues era la lengua de la Iglesia, la de la administración (real, nobiliaria y municipal), la de la justicia y la de la cultura. Cualquier idioma se valoraba por su proximidad al latín y se despreciaba en función de su alejamiento del mismo. En estas condiciones es evidente que los idiomas no románicos lo tenían difícil: solían verse como formas de expresión inferiores, cuando no directamente como la lengua del demonio. Es verdad que en Alemania perduró el alemán, en Flandes, el flamenco o en Inglaterra, el inglés, pero ello fue debido a que en estas zonas tan sólo los eclesiásticos y los notarios conocían el latín y el grueso de los hablantes no tuvo ocasiones comunicativas en número suficiente para aprenderlo. En dichos países el poco latín que oían era el de los oficios religiosos y la lectura de algún testamento. Mas en la Península Ibérica (al igual que en Francia o en Italia), la mayoría de la gente ya hablaba una especie de latín, hablaba romance, lo que luego sería catalán, asturiano, gallego, etc., por lo que los idiomas de otro origen estaban condenados a desaparecer: puestos a hablar una lengua vulgar, la gente prefería hacerlo en una variedad próxima al latín antes que en otra que no tuviese nada que ver con él.

La única salida que les quedaba a los hablantes de un idioma no latino rodeado de variedades romances era desarrollar un romance propio, es decir, convertirse en bilingües. Así, hablarían entre ellos en su lengua materna, pero usarían dicho romance para poder entenderse con las demás gentes de habla romance (hay que tener en cuenta que durante toda la Edad Media los romances se mantuvieron como variedades poco diferenciadas y mutuamente inteligibles). Esta solución, la de crear un *romance protector*, parece que fue la del vasco, y la adoptaron los vascos de los territorios más abiertos, aquellos en los que el contacto con la gente de habla romance era frecuente y dicho romance protector resultaba imprescindible, no la de los vascohablantes de las zonas más alejadas, los cuales fueron perdiendo su lengua y pasándose directamente al *romance ajeno* conforme más y más gentes romanceadas se instalaban en su territorio (en

Ribagorza y en Pallars esto ocurre hacia el siglo XI, cuando pasan a formar parte de Aragón o de Cataluña).

Esta historia que estamos relatando no tiene nada de extraño, pues ambas soluciones al problema de enfrentarse a una lengua de prestigio (lo que hemos llamado *romance ajeno* y *romance protector*) se están dando hoy mismo ante nuestros ojos en los EEUU en forma de inglés ajeno o de inglés protector. Cuando los distintos grupos étnicos que llegan a EEUU (italianos, rusos, armenios, árabes, coreanos...) se enfrentan a la necesidad de aprender inglés, lo normal es que la primera generación se aísle en un gueto y conserve su idioma y que a partir de la siguiente, y sobre todo de la tercera, dicho idioma se pierda y sólo se hable el idioma ajeno, el inglés, salvo cuando la concentración de emigrantes es suficientemente grande como sucede en el Chinatown de Nueva York. Pero también existe otra posibilidad, la que han intentado los hispanos: el *spanglish*. El *spanglish* no es una lengua[13], es una forma relajada de hablar inglés por los hispanohablantes, es decir, se trata de un inglés protector, de un inglés rudimentario que ayuda a los emigrantes hispanos a integrarse en la sociedad americana sin perder el español y los lazos comunitarios asociados al mismo.

La diferencia entre este inglés protector de nuestros días y el romance protector que desarrollaron los vascos durante la Edad Media es que aquel constituye una solución transitoria que no puede consolidarse como idioma mientras que este, aparentemente, perduró. La razón es bien simple: el spanglish compite con el inglés normativo omnipresente, en tanto que el romance protector vascónico competía con variedades romances que no estaban fijadas ni tenían prestigio (con el habla de Burgos, de Santoña, de Calahorra, de Tarazona, de Alfaro...). Si en los EEUU el inglés se presentara en la forma de variedades sin normativizar (algo así como el black English), el spanglish parecería una más entre ellas y probablemente se consolidaría.

Esta historia no es una ficción, se ha documentado sólidamente. El primer testimonio escrito de la lengua vasca (antes hay inscripciones epigráficas en Aquitania) se encuentra en unas glosas escritas al margen de un texto litúrgico latino de fines del siglo X o comienzos del XI: las Glosas Emilianenses. Resulta que en el monasterio de San Millán de la Cogolla, en una zona abierta que hoy pertenece a la Rioja (y que entonces estaba justamente en un rincón en el que se encontraban tres reinos, el de Castilla, el de Aragón y el de los vascones, el reino de Navarra), alguien que no entendía bien el latín escribió dos comenta-

---

13    Luis Fernando Lara, «La lengua de los «hispanos» en los Estados Unidos de América: ¿de veras una lengua criolla?», en *Actas del Programa de Formación para Profesorado de Español como lengua extranjera 2004-2005*, München, Instituto Cervantes, 2005, 39-61.

rios en vasco y un centenar más en... un romance que se considera el primer testimonio de la lengua española. Es evidente que el autor de estas glosas era bilingüe, manejaba —además del latín— dos instrumentos de comunicación: por una parte, el vasco y, por otra, un romance que los filólogos no se ponen de acuerdo en definir (algunos dicen que es castellano, otros que navarro, otros que aragonés). Inútilmente: lo evidente es que se trata de un romance desarrollado por un euskaldún, es decir, de un romance protector vascónico. Como señala el filólogo Emilio Alarcos[14]:

> La lengua que reflejan estas glosas [Emilianenses], de acuerdo con la localización geográfica en que se escribieron, es en realidad una muestra, defectuosamente manifestada por la grafía, del romance que se hablaría entonces en la región, es decir, en esta Rioja, zona de interferencia de pueblos y lenguas desde los tiempos prerromanos. Aquí estuvieron en contacto gentes célticas, como los berones, y gentes más o menos eusquéricas, como los váscones, los várdulos, etc. Después, precisamente en los años de nuestras glosas, aquí se situaban las lindes entre la Castilla engrandecida y emancipada del conde Fernán González y el reino navarro ... Lo interesante es saber que en estos siglos persistía vivo el bilingüismo que indudablemente existió largo tiempo, desde los primeros intentos de romanización, en todas estas tierras del alto curso del Ebro, y que en gran parte es responsable de las especiales características que adoptó el romance castellano. Características que para decirlo rápida y esquemáticamente, se reducen a ser un latín mal aprendido por indígenas que tendrían por lengua propia el vasco o algún dialecto íntimamente emparentado con este. De otro modo: el castellano es, en el fondo, un latín vasconizado, una lengua que fueron creando gentes vascónicas romanizadas.

La pregunta es si dicha variedad romance de origen vasco tenía futuro o no. Al competir como una más con las demás variedades de la zona, su consolidación dependía de factores internos y externos. Los externos consistían, obviamente, en que llegara a ser la lengua de algún reino cristiano. Los internos se cifraban en que resultara más útil que las demás variedades. Luego trataremos aquellos motivos, ahora vamos a considerar estos. Dicen los lingüistas que no hay lenguas mejores que otras y dicen bien: toda lengua está potencialmente capacitada para expresar lo mismo que cualquier otra. Pero, como dicen los filósofos, una cosa es la potencia y otra, el acto. El inglés es tan bueno como el guatuso (una lengua indígena de Costa Rica), pero a nadie se le ocurriría escribir las instrucciones de fabricación de un automóvil o un tratado de arquitectura en guatuso. Hoy por hoy, en acto, el inglés ofrece muchas más prestaciones que el guatuso. Pues bien, en el siglo XI, el romance protector vascónico ofrecía más posibilidades que los demás romances que se hablaban en la zona del Alto Ebro.

---

14 Emilio Alarcos Llorach, *El español, lengua milenaria*, Valladolid, Ámbito, 1982, 14.

La razón es simple. El latín se iba fragmentando en múltiples dialectos a lo largo y a lo ancho de toda la Romania. Más aún: cada palabra, cada pronunciación, cada construcción gramatical conocía una forma A en un lugar, otra forma A' veinte o treinta kilómetros más allá, una tercera forma A'' un poco más lejos, y así sucesivamente. Es lo que los lingüistas llaman un entrecruzamiento de isoglosas. Restos de esta situación se encuentran en todo el norte de la Península; en Galicia, en Asturias, en Cantabria, en el País Vasco (para el euskera, no para el romance), en Aragón o en Cataluña, según revelan los siguientes mapas:

COMPLEJIDAD DE LA FRONTERA LINGÜÍSTICA ENTRE EL CATALÁN Y EL ARAGONÉS
tomado de: Mapa d'Artur Quintana i Joaquim Monclús, en A. Ferrando et alii,
*Invitació a la llengua catalana*, València, Gregal, 1987, 306.

LIMITS LINGÜÍSTCS
A LA RIBAGORÇA I A LA LLITERA OCCIDENTALS

VARIEDAD LINGÜÍSTICA DEL GALLEGO: DENOMINACIONES PARA «AMANECER»; tomado de: Constantino García, "*Amanecer* en gallego", *Verba*, 1, 1974, 150-159.

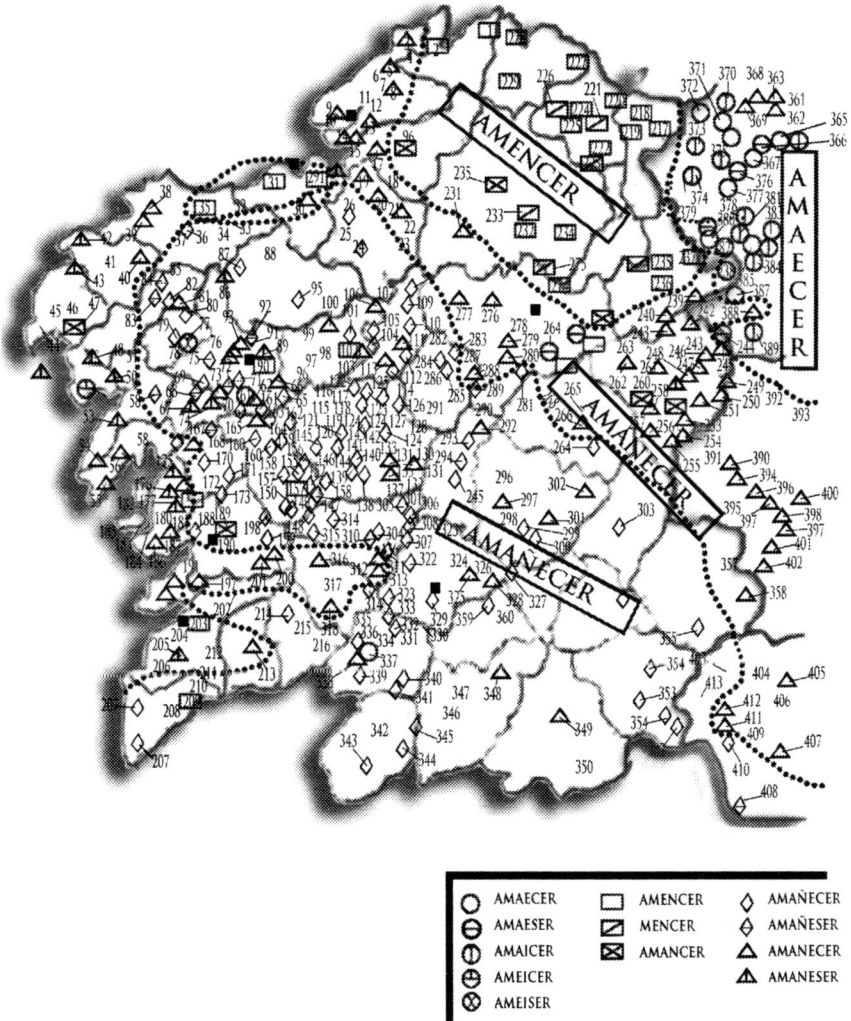

| ○ AMAECER | ▢ AMENCER | ◇ AMAÑECER |
| ⊖ AMAESER | ▨ MENCER | ◔ AMAÑESER |
| ⏀ AMAICER | ⊠ AMANCER | △ AMANECER |
| ⊕ AMEICER | | ▲ AMANESER |
| ⊗ AMEISER | | |

VARIEDAD LINGÜÍSTICA DEL CASTELLANO EN CANTABRIA: DENOMINACIONES PARA «ALLANAR LA TIERRA ARADA»; tomado de M. Alvar, *Atlas Lingüístico y Etnográfico de Cantabria*, Madrid, Arco, 1995.

29

ALLANAR LA TIERRA ARADA

ALEA. 23

5500: no se hacía porque es terreno muy fuerte y si se te pasaba la tabla se ponía muy duro.

Un panorama como este aparece en aquellos ámbitos lingüísticos donde no existe una lengua normalizada. Por ejemplo, esta situación es muy común en el África subsahariana y en la América indígena, según reflejan las siguientes palabras del misionero español Fray Jerónimo de San Miguel quien escribía desesperado al emperador Carlos I el 20 de agosto de 1550 comentándole lo difícil que era predicar a los indígenas: «Los indios no hablan todos una [misma] lengua…; antes [bien] hay gran diferencia de ellas y tanta que en cuatro leguas hay seis o siete lenguas…».En cambio, al norte del Sahara casi toda África habla un mismo idioma, el árabe, con pequeñas variaciones de un lugar a otro. También los EEUU de América del Norte, donde los indígenas fueron arrinconados en reservas, es un territorio lingüísticamente uniformado por el inglés.

Volviendo a la Península Ibérica, diremos que el panorama de los reinos cristianos norteños, reflejado por los mapas anteriores, era, lógicamente, el de una gran fragmentación, pues ninguna variedad lograba imponerse sobre sus vecinas dado que, para lengua de prestigio, ya estaba el latín. La obra *Orígenes del español* de Ramón Menéndez Pidal refleja esto con gran exactitud para la zona centro: por ejemplo, la palabra latina PORTA, cuya *o* era una vocal breve, que exigía abrir bastante la boca, la pronunciaba, ya en latín vulgar hispánico, como dos oes sucesivas, una primera más cerrada y una segunda más abierta; esta serie *oO* no podía durar y los hablantes tendieron a diferenciarlas, pero los resultados fueron variados: unos decían *puorta*; otros, *puarta*; otros, *püorta*; otros, *püarta*; otros, *püörta*; otros, *püerta*; otros, *puerta*, etc. Si alguien hubiese puesto orden se habría adoptado una solución, la que fuese, y se habrían desechado las demás; pero en ausencia de esta imposición normativa —que normalmente ejerce el estado o algún código literario prestigioso—, cada hablante se reafirma en su manera de pronunciar y no está dispuesto a adoptar ninguna otra. Esta situación tan irritante se repetía para cualquier otro fenómeno: de CUBITU habían hecho *cobdo* o *coldo* o *codo*; el río DORIU se pronunciaba *Doiro* o *Douro* o *Duero*; para el perfecto de los verbos intransitivos podían usar *ser* (*son venidos*) o *haber* (*han venido*), y así hasta el infinito. Peor aún, no es que las formas variasen de un hablante a otro, es que hasta un mismo escriba registraba varias de ellas en el mismo texto. Por ejemplo, en un documento castellano de Clunia de 1030 se lee:

> Abdella de Uilla Zate nulla lingien za faciendo et adclamandose ad rege domno Sancio et ad majorinos de Clunia, qui a si abuit uezato, mandauit Ruderico Godestioz adsuos merinos et predarunt illum et prenderunt ei

donde en sólo una línea se escribe (y tal vez se pronunciase) *majorinus* como *mayorino* o como *merino*, en tanto la grafía *ci* representa indistintamente tanto lo que entonces era *edze* (*faciendo,* haciendo) y luego fue *zeta* como lo que era *eche* (*Sancio,* Sancho) y la grafía *ll* vale para la palatal *elle* (*uilla,* villa) o para una *ele* geminada (*nulla,* ninguna, nula).

¿Cuál podía ser la actitud de los euskaldunes ante este galimatías? La misma que la de cualquier aprendiz de segundas lenguas. Como no estaban sentimentalmente vinculados a ninguna de las variantes, pues su lengua materna era el vasco, adoptaban una variante (la más frecuente o la más prestigiosa o la más fácil de pronunciar) y desechaban las demás. Por ejemplo, se quedaron con *puerta* y olvidaron *püorta, püörta, puörta*, etc., porque en su lengua no había ni *ü* ni *ö* (hoy tampoco existen en vasco del sur del Pirineo). Ante *cobdo, coldo* y *codo,* prefirieron lo más sencillo: *codo*. Como los verbos transitivos siempre hacían los tiempos compuestos con *haber*, el hecho de que los intransitivos vacilasen entre *ser* y *haber* les debió parecer una complicación innecesaria y simplificaron el paradigma quedándose sólo con *haber* para todos los casos.

Para que el lector se ponga en situación, piénsese en lo que está sucediendo actualmente con el inglés. El inglés es un idioma complejo, con una gran tradición literaria y una gramática y una fonética endiabladas. Pero el inglés, al mismo tiempo, es la lengua internacional. Cuando un español, un chino, un sirio, un alemán y un indonesio coinciden en un congreso de Química, en Manila, o en una reunión de técnicos de la General Motors, en Zaragoza, no hablan en ninguna de sus lenguas sino en inglés. Ahora bien: ¿en qué inglés? Cada vez que un anglohablante nativo (un británico, un americano o un australiano) asiste a estas reuniones se suele quedar estupefacto y acaba echando pestes del inglés que usa esa gente. No es su inglés, es lo que se suele llamar *basic English*, un inglés simplificado en el que se han eliminado variantes innecesarias en aras de la simplicidad. Cualquier estudiante de inglés ha tenido la experiencia de comprender mucho mejor al viajero japonés con el que coincidió en un tren y con el que estuvo un par de horas charlando en inglés que con el empleado al que se dirige en Harrod's de Londres o en Macy's de Nueva York. Adviértase, con todo, que *simplificado* no quiere decir «simple», sino «regular»: por supuesto que este *basic English* en el que se escriben las revistas científicas de todo el mundo no tiene nada de simple.

Pues bien, los euskaldunes del Alto Ebro hicieron lo mismo, desarrollaron un *romance protector* y le dieron la forma de un *romance básico*. El *basic English*, por serlo, funciona como *world English*, como inglés mundial. Esto sucedió también en la Península Ibérica, sólo que a pequeña escala, a la modesta escala de un mundo que no solía ir más allá del contacto con gentes de las aldeas vecinas y con los peregrinos europeos (alemanes, franceses, italianos) que venían por el camino de Santiago. Así fue como el romance vascónico protector pasó a romance hispánico básico, a español. Usamos aquí el término *español* en el primer sentido que tuvo, en su sentido originario: como destaca el romanista suizo Paul Aebischer[15], esta palabra, de formación provenzal, designaba a los habitantes de la península cuando no se conocía o no se quería mencionar su nacionalidad (es decir, que valía indistintamente para portugueses, gallegos, asturianos, leoneses, castellanos, navarros, aragoneses y catalanes, e incluso para los de Al-Andalus).

Hay una prueba irrefutable de lo que acabamos de decir. Resulta inevitable que los aprendices de segundas lenguas coloreen el idioma que están aprendiendo con algunas propiedades lingüísticas de su lengua materna. Es lo que se suele llamar interferencias: los hispanohablantes pronuncian la expresión francesa *le livre est sur la table* con [le] por [lö] y [sir] por [sür] porque en español no hay ni [ö] ni [ü]; por el contrario, los franceses que aprenden español suelen pronunciar el equivalente de esta frase con la r casi como una g (grasseyé), esto es, [el libgro está sobgre la mesa] y, a veces, dicen *es* por *está* porque sólo tienen un

---

15    Paul Aebischer, «*Español*, ¿palabra extranjera?», *Estudios de toponimia y lexicografía románicas*, Barcelona, 1948, 13-48. En español HISPANIOLUS debería haber dado *\*españuelo*.

verbo, *être*, para *ser* y *estar*. Estas interferencias no siempre resultan predecibles porque a menudo los aprendices de otro idioma exageran y se pasan (es lo que se llama hipercorrección): así no toda *e* francesa suena [ö] ni mucho menos, de forma que los estudiantes que hacen un esfuerzo para pronunciar *perte*, 'pérdida', como [pörtö] se equivocan. Las interferencias son, pues, aproximadas; lo que reflejan es un «aire»: la pronunciación afrancesada del inglés no es una pronunciación francesa, tan sólo recuerda al francés. De la misma manera, estos euskaldunes que estaban ensayando el romance no pudieron evitar que algunas propiedades del vasco pasaran, más o menos modificadas, al español[16].

Esto se sabe hace mucho tiempo, y si no siempre se ha destacado como merece es porque algunos filólogos se excedieron en su entusiasmo vasconizante pretendiendo que el vasco se hablaba antiguamente en toda la península y, más aún, que sólo se hablaba vasco. Esto es falso, pero ello no quita para que el español, el romance vascónico protector luego convertido en romance básico, tenga un inconfundible aire vasco. El español difiere de las demás lenguas románicas en una serie de características que, no por casualidad, se parecen a rasgos similares de la lengua vasca. Entre ellas se cuentan[17]:

— La simplicidad extrema de su sistema vocálico, reducido a cinco fonemas: /a, e, i, o, u/. Todas las demás lenguas románicas tienen siete vocales o más. En portugués, catalán e italiano existen dos fonemas tipo /o/ y dos fonemas tipo /e/, uno

---

16 Resulta difícil calibrar exactamente en qué consiste un *aire*, una *imitación*. Todos sabemos que la pizza entusiasma a todo el mundo y que es una comida italiana, pero ninguna pizza consumida en Asia, Europa o América, fuera de los verdaderos restaurantes italianos, sabe como en Nápoles. Sin embargo a nadie se le ocurriría decir por ello que la gastronomía italiana no ha influido en la forma de comer de los demás. Hace algunos años sostuve una animada polémica con Larry Trask y Roger Wright («El vascorrománico», *Verba*, XV, 1988, 361-373) a propósito de las propiedades gramaticales del español que, en mi opinión (y no sólo mía), reflejan la influencia del vasco: Ángel López García, «Respuestas a algunas preguntas no formuladas a propósito del 'vascorrománico'», *Verba*, XV, 1988, 375-383. Se me arguyó que ninguna de las 14 (!) propiedades que señalaba existe *exactamente de la misma manera* en vasco actual. Por supuesto: es que —con independencia de que habría preferido que se argumentase con ejemplos del vasco arcaico o, al menos, del XVI, es decir más próximos a la época del contacto— yo no esperaba que dichos fenómenos fuesen exactamente iguales, tan sólo parecidos, pues en caso de resultar equivalentes no tendríamos una situación de contacto de lenguas, sino de imposición desde la escuela. Nadie pone en duda que el créole de Haití tiene un aire francés, aunque, por supuesto, su francés es bastante sui generis, no reproduce el de la gramática y el diccionario normativos del francés culto, algo que sólo llegan a hacer las personas instruidas de la isla a las que enseñan francés en la escuela.

17 Friedrich Jungemann, *La teoría del sustrato y los dialectos hispanorromances y gascones*, Madrid, Gredos, 1955, 421; Ángel López García, «Algunas concordancias gramaticales entre el castellano y el euskera», *Philologica hispaniensia in honorem M. Alvar*, II, Madrid, Gredos, 1985, 391-407.

abierto y otro cerrado, con lo que tenemos /a, E, e, i, O, o, u/. En otras lenguas como el francés hay, además, vocales mixtas (/ö/, /ü/) y vocales nasales (/õ/, /ã/, etc.), estas también en portugués. ¿De dónde le puede venir dicho inventario reducido al español? Desde luego, del latín no, pues en latín clásico había diez fonemas vocálicos dado que cada matiz podía ser breve o largo. Pero en vasco peninsular existen estos mismos cinco únicos fonemas vocálicos: /a, e, i, o, u/. No es mucho suponer que los vascohablantes, cuando intentaban pronunciar el latín más o menos vulgarizado que les rodeaba, es decir, el romance, lo hacían con sus cinco únicos fonemas vocálicos reduciendo /E/ y/ e/ a /e/ (a base de diptongar /E/ en /ie/, es decir, /i/+/e/), eliminando la diferencia entre /O/ y /o/ a base de diptongar el primero en /u/+/e/, etc.: viene a ser lo mismo que hoy en día hace un hispanohablante cuando pronuncia /i/ y /ü/ francesas como /i/ o reduce las quince vocales del inglés de manera drástica confundiendo *feel* con *fill*, *fan* con *fun*, etc.

— El carácter sordo de las sibilantes. En vasco no hay sibilantes sonoras: existen tres sibilantes fricativas sordas, respectivamente dental (grafía z), apical (grafía s) y palatal (grafía x), y otras tres sibilantes africadas sordas (tz, ts y tx). En español tampoco hay sibilantes sonoras; las hubo antiguamente, pero en zonas próximas al País Vasco se registraron ensordecimientos antiguos de las sibilantes sonoras, los cuales han dejado tan sólo los sonidos de la zeta (/Θ/), de la ese (/s/) y de la antigua eshe (/ʃ/), hoy jota, junto a la africada che. Sin embargo, en latín sí había consonantes sibilantes sonoras y así continúa habiéndolas en las otras lenguas románicas: ROSA se pronunciaba en latín con una ese sonora (/róza/) y así se sigue pronunciando en portugués, en catalán, en italiano o en francés, pero no en español, donde se dice /rósa/.

— La repugnancia a la *f-* inicial. En latín había muchas palabras que empezaban por *f-*: FARINA, FORMA, FILIU, FOLIA, etc. Las lenguas románicas conservan dicha *f-*; por ejemplo, FOLIA ha dado *fulla* en catalán/valenciano, *feuille* en francés, *folha* en gallego-portugués, *foglia* en italiano. Pero en español tenemos *hoja*, donde se ve que la *f-* latina primero se aspiró (en la Edad Media se pronunciaba la *h-* como una aspiración) y luego se perdió, quedando tan sólo en la ortografía. Hoy las únicas palabras del español que tienen *f-* son voces tomadas directamente del latín (cultismos) o de otras lenguas en calidad de préstamos; *forma*, *filial* (sobre FILIU), *fábrica*, etc. Lo notable es que el vasco tiene desde antiguo esta misma repugnancia hacia la *f-*, la cual convierte en *p-* (así el río *Porma* deriva de la voz FORMA del latín), la aspira o simplemente la pierde en sus latinismos.

— Menos claras, pero mucho más interesantes, son las interferencias de tipo sintáctico. La fonética no deja de ser un envoltorio externo de las lenguas, algo que cambia a veces rápidamente a lo largo del tiempo y que ni siquiera es fundamental para hacernos una idea del idioma: por ejemplo, no sabemos cómo sonaba el latín clásico ya que sólo nos quedan sus admirables textos literarios. En cambio, la sintaxis obliga a los hablantes de una lengua a organizar los datos de la realidad de una cierta manera y, en este sentido, revela una determinada visión del mundo, como dicen lo lingüistas. Se ha atribuido al influjo vasco una docena de propiedades gramaticales del español (entre ellas las impersonales activas, el leísmo o el infinitivo con preposición), pero la más importante es su tendencia a tener conjugación objetiva. Esto quiere decir lo siguiente: muchas lenguas tienen conjugación subjetiva y concuerdan el sujeto con el verbo, lo cual significa que el verbo reitera mediante un morfema alguna característica (como el número y la persona) del sujeto: *tú* pide *ves* donde -*s* significa 2ª persona del singular (igual que *tú*), y *nosotros* pide *vemos* donde -*mos* significa 1ª persona del plural (igual que *nosotros*); por eso no se puede decir ni \**tú vemos* ni \**nosotros ves* (el asterisco significa que la expresión es inaceptable). Hasta aquí el español coincide con las otras lenguas románicas: por ejemplo, en francés tenemos *tu vois* y *nous voyons*, nunca \**tu voyons* o \**nous vois*, etc. Pero el español también tiende a concordar el objeto directo o el indirecto con el verbo: así, es preciso decir *tú me ves* o *tú me ves a mí* y no se puede decir \**tú ves a mí* (en cambio, en francés se puede decir *tu vois moi*). Los hispanohablantes no se dan cuenta de que aquí hay una verdadera concordancia con el objeto porque escriben *me ves* y no *meves*, que es lo que se debería hacer dado que *me* es átono. La forma *meves* consta de un morfema *me-* que concuerda con el objeto de primera persona del singular, el radical verbal -*ve*- y un morfema -*s* que concuerda con el sujeto de segunda persona del singular. La concordancia del sujeto es igual que la del objeto: los morfemas del verbo son obligatorios, las formas nominales o pronominales tónicas ajenas al verbo no lo son: se puede decir *veo* o *yo veo*, nunca \**yo ve-*; se puede decir *meves* o *meves a mí,* nunca \**ves a mí*. ¿De dónde le puede venir al español esta tendencia a la conjugación objetiva, la cual se da incipientemente en otras lenguas románicas también, pero con mucha menor intensidad? La pregunta se responde sola cuando se piensa que el vasco, el cual se hablaba en la misma zona en la que nació el español o justamente al lado, tiene conjugación objetiva y, lo que es más interesante, el orden de los morfemas de concordancia es el mismo que el del español: *nik liburua eraman dut* se traduce literalmente como «yo el libro traído lohe» (i.e.: «he traído el libro»), donde el auxiliar *dut* se descompone en la forma *d-u-t*, esto es, *d-* para objeto de 3ª del singular, -*u*- para *haber* y -*t* para el sujeto de 1ª del singular, lo que es lo mismo que *lo-h-e*.

Este romance protector en el que la lengua vasca ha dejado sus marcas indelebles representaba una solución audaz. Amenazada de disolverse en la superior cultura latina, la comunidad de los vascones logró preservar su identidad gracias precisamente a aquel romance protector que los igualaba con los demás habitantes de la península. Podemos preguntarnos por qué otros pueblos europeos, algunos mucho más aislados que los vascos, no hicieron lo mismo. Nunca lo sabremos: tal vez porque sus lenguas eran más parecidas al latín y el vasco, en cambio, es un mundo lingüístico completamente diferente. Piénsese que en el resto de la Península Ibérica se hablaba o bien lenguas indoeuropeas o bien ibero, un idioma de filiación camítica, parecido al actual bereber, que en cierto nivel de generalidad comparte propiedades estructurales y filiación genética con el indoeuropeo. Es frecuente que las lenguas más próximas a una lengua de relación, que empieza a irrumpir en su ámbito de uso, resistan peor que las más alejadas: por ejemplo, los filólogos alemanes se quejan de la debilidad que parece mostrar el alemán o, mejor dicho, los alemanes, ante la irradiación mundial del inglés, el cual comienza a usarse por los jóvenes incluso en expresiones de la lengua coloquial; esto puede ser debido a que el alemán es una lengua germánica parecida al inglés; en cambio, en español los anglicismos se sortean con bastante habilidad, y en ruso o en árabe todavía más.

Por otro lado no era la primera vez que el vasco se había defendido de manera parecida. Hasta comienzos del siglo XX estuvo de moda la llamada hipótesis del vascoiberismo (la propugnaron, entre otros, los célebres lingüistas Wilhelm von Humboldt y Hugo Schuchardt). Sus defensores sugerían una comunidad genética compartida por el vasco y el ibero basándose en que bastantes raíces ibéricas (lengua que no se ha llegado a comprender, pero sí a leer) existen en vasco. Hoy en día este planteamiento ha sido abandonado, sobre todo porque las supuestas propiedades morfológicas comunes a vasco e ibero se han revelado altamente improbables. Sin embargo, sigue siendo cierto que el vasco antiguo tomó muchos préstamos del ibero, lo cual significa simplemente un mecanismo de defensa de tipo criollo que, tal vez, prejuzgaba lo que luego sucedería con el latín. En ambos casos el mecanismo es el mismo: preservar la gramática y ceder en el léxico, aunque la intensidad de la presión latina obligara a crear toda una variedad romance para protegerse.

# 9. CASTELLANO O ESPAÑOL

Como es sabido, *castellano* o *español* son dos denominaciones pretendidamente sinónimas para una misma realidad lingüística. Se supone que el castellano se volvió español cuando otros reinos medievales fueron adoptándolo como lengua propia, primero León y Aragón (ello sin contar las regiones, como Andalucía, a donde fue llevado por los castellanos), y más tarde, ya en la Edad Moderna, Cataluña, Valencia, Baleares y Galicia en calidad de segunda lengua. Como todas las parejas sinonímicas, la de *castellano* y *español* no ha dejado de suscitar problemas: aunque *gordo* y *obeso* son palabras sinónimas, no diríamos de alguien que es un *\*pez obeso* o que ha ganado el *\*premio obeso* de la lotería. Sinónimo no significa igual y ni siquiera equivalente. Cada vez que se ha querido definir la lengua oficial del Estado español en la Constitución, ha habido problemas: si se la llama *castellano*, se irritan todos aquellos que a pesar de tenerla como lengua materna no son castellanos (por ejemplo, los andaluces, los extremeños, los canarios, los aragoneses, los murcianos o los leoneses). Si se la llama español, los que se molestan son los bilingües, es decir, los catalanes, valencianos, gallegos, mallorquines, menorquines, ibicencos, vascos y navarros que consideran, con toda la razón, que su lengua materna es tan española (*hispaniola*, de *Hispania*) como la castellana. Ello explica las ambigüedades y la redacción poco afortunada de los artículos constitucionales que hacen relación a este asunto.

Parece una de esas situaciones viciadas en las que, se adopte la decisión que se adopte, siempre se obrará mal. Y es que castellano o español parte de un presupuesto equivocado. Se dice que *el castellano se volvió español,* cuando lo que sucedió fue lo contrario, que *el español se volvió castellano.* Dicho de otra manera: la lengua española nació como romance protector simplificado en los límites del territorio vascohablante y sólo más tarde fue castellanizada. Ya se ha destacado lo inverosímil de la extensión del castellano, el romance de una región periférica del reino de León, a la corte neovisigótica de dicho reino y, lo que aún es más sorprendente, al reino enemigo de Aragón (lo de enemigo no es una metáfora: por ejemplo, la taifa de Zaragoza no pudo ser conquistada por el reino de Aragón en el siglo XI porque la defendían las tropas castellanas de Fernando I). En cambio, que el romance protector simplificado de los vascones, el español, fuese adoptado, o mejor, reconocido, primero por los castellanos, luego por los leoneses, y más tarde por los aragoneses es razonable.

Para comprender este sorprendente proceso es preciso volver a las características únicas de la Reconquista. Durante la Edad Media la población europea tan apenas se movió de su sitio. La gente nacía, vivía y moría en el radio de unas pocas decenas de kilómetros. Hubo, es verdad, fenómenos que dieron origen a grandes viajes, como sucedió con las cruzadas, pero se trataba de movimientos de ida y vuelta en la mayoría de los casos[18]. Nada parecido a la conquista del Oeste americano, a ese desplazamiento masivo de colonos que iban ocupando las nuevas tierras y disputándoselas a los indios. ¿O sí? La Reconquista fue precisamente un fenómeno de dicho tipo, una conquista del sur en la que colonos venidos de todo el norte peninsular y de casi todos los rincones de Europa ocupaban tierras y ciudades y se las disputaban a los musulmanes.

Esto fue debido a la mencionada incompatibilidad de origen entre las gentes del norte y las del sur. Como cristianos y musulmanes se consideraban incompatibles (más por motivos religiosos que por razones étnicas o culturales), unos y otros dejaban zonas desiertas (y lo que es peor: sin árboles) entre sus territorios respectivos para que les sirviesen de protección. Cuando la potencia militar de los cristianos fue aumentando a partir de la disolución del califato en 1031, avanzaron hacia el sur, primero con timidez, luego con decisión. Cada vez que conquistaban una ciudad o una aldea, se encontraban con que sus ocupantes musulmanes la habían abandonado en gran número para refugiarse en Al-Andalus. En consecuencia se planteó la necesidad de poblar estos lugares casi vacíos. El procedimiento seguido fue muy parecido al del Oeste americano: se promulgaba un fuero que concedía todo tipo de ventajas a los nuevos pobladores y se les invitaba a instalarse concediéndoles tierras o predios urbanos. Así llegaron a las tierras nuevas de la frontera meridional de Castilla muchos asturianos, cántabros, gallegos y vascones del norte peninsular, junto con francos, gascones, italianos, ingleses, germanos y eslavos de Europa; a ellos se sumaban los antiguos pobladores que no habían querido abandonar la urbe recién conquistada (mudéjares), los cristianos de Al-Andalus (mozárabes) que habían

---

18 Cfr. Christopher Tyerman, *Las guerras de Dios. Una nueva historia de las Cruzadas*, Barcelona, Crítica, 2007.

resistido la presión musulmana y muchos judíos. Algo parecido ocurrió en los reinos de Navarra y Aragón.

¿En qué idioma hablaba esta gente? Los fueros nos dan informaciones contradictorias, pues son documentos redactados nada más refundarse la ciudad y a menudo su lengua refleja el componente poblacional originario, no el que luego sería predominante: por ejemplo, el de Avilés mezcla asturiano y provenzal, aunque este último romance desaparecería enseguida por completo. Lo que parece evidente es que estas gentes, estos pobladores nuevos, debieron intentar un compromiso entre los distintos dialectos románicos (las otras lenguas no latinas quedaban excluidas por definición), con clara preferencia por el modelo lingüístico que resultase más fácil de aprender por los que no lo conocían. Este modelo era el romance protector simplificado de los vascones. Y es que, si bien se mira, tenía muchas ventajas. Dadas las especiales características de su nacimiento, como segunda lengua carecía de la enorme variación y de las numerosas irregularidades sintácticas y morfológicas que dificultaban el aprendizaje de las demás variedades románicas. Al fin y al cabo había nacido para ser aprendido, no sólo para ser adquirido como lengua materna. Una segunda ventaja, nada desdeñable, es que carecía de connotaciones nacionalistas. Los hablantes de asturiano se sentían asturianos, los hablantes de castellano se sentían castellanos, los hablantes de aragonés se sentían aragoneses: que en cualquiera de las nuevas ciudades predominase uno de estos matices por fuerza tenía que molestar a los otros pobladores que no habían logrado imponer el suyo. Pero los hablantes de romance protector simplificado no se sentían vascones a cuenta del español porque lo que les definía era el euskera. Su variedad idiomática era estrictamente utilitaria y así la vinieron a usar todos los demás.

A lo que este romance protector más se parecía era, lógicamente, al romance navarro, el romance del reino de los vascones. Pero dicho reino tuvo un desarrollo histórico abortado; en este momento tan decisivo, durante el reinado de Sancho III el Mayor (1000-1035), Navarra constituyó el primer Estado cristiano digno de tal nombre al incorporar a Castilla y a Aragón, aunque luego basculase hacia el oeste, más tarde hacia el este, y finalmente quedase atrapado entre castellanos y aragoneses dejando de contar políticamente en la España cristiana de la Edad Media. El resultado, sorprendente, de esta frustración histórica fue que lo que perdía en territorio lo ganaba en términos idiomáticos, pues logró que la repoblación se hiciese básicamente tomando su modalidad idiomática como modelo.

La consecuencia de este poblamiento de núcleos vacíos, en el que el ingrediente de pobladores vascones fue muy importante según refleja la toponimia, es que la tensión vertical hacia el sur fue compensada por la vieja tensión horizontal de los valles transversales, la misma que a su vez imponía el camino de

Santiago. Entre el siglo XI, cuando la Reconquista echó a andar de verdad, y el siglo XIII, se repueblan ciudades que correspondían a la franja vertical de León, como Zamora (definitivamente repoblada en 1061), ciudades de expansión castellana, como Toledo (1085), ciudades del área de influencia navarra, como Tudela (tomada en 1119 por Alfonso I el Batallador cuando Aragón había absorbido Navarra), y ciudades que correspondían a la franja de Aragón, como Barbastro (1096); no importa: en lo fundamental, la lengua de sus habitantes vino a ser la misma, el español. Por el contrario, los asentamientos más norteños, en los que no hubo que llamar tan apenas a pobladores foráneos, reflejan el dialecto del reino que los acometió: Astorga habló leonés, Briviesca, castellano, Estella, vascuence, y Jaca, aragonés.

¿Por qué se convirtió este romance común, este español en sentido etimológico (romance del centro de España), en castellano? Por dos razones. La primera, porque Castilla fue el reino medieval que mayor extensión de territorio y mayor población incorporó gracias a la Reconquista. Ello fue debido, en parte a que avanzaba por un territorio menos complicado orográficamente que el de León, Navarra o Aragón, y en parte por el propio carácter militarista de lo que, al fin y al cabo, había nacido como una serie de fortalezas (castillos: de ahí Castilla) para garantizar la frontera con Al-Andalus:

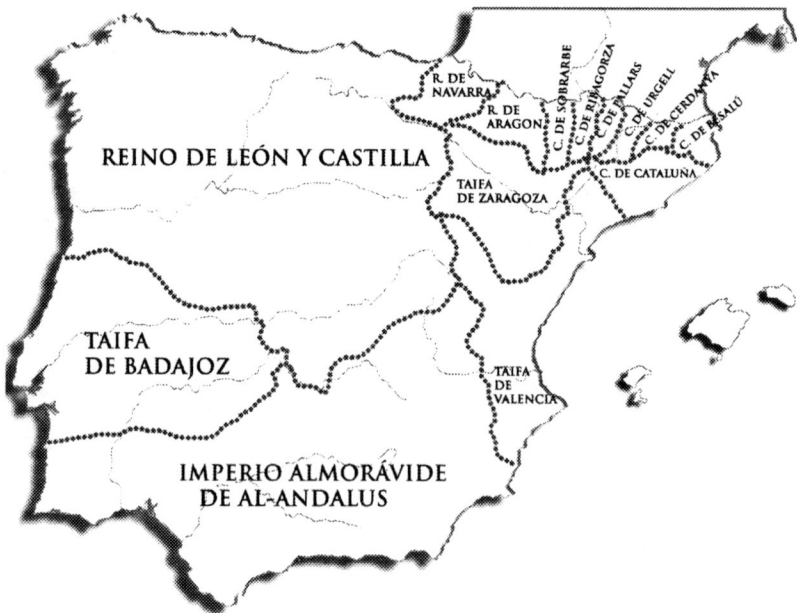

Si la lengua común de todos estos territorios había de recibir algún nombre —y a partir del siglo XIII empieza a ponerse nombre a las variedades romances en toda Europa— era lógico elegir el del reino más grande y poblado, en este caso el de Castilla. Además Fernán González, el conde que había fundado Castilla, también fue señor de Álava, de manera que incluso geográficamente los castellanos podían considerar el romance vascónico como propio. Pero hubo también una segunda razón muy importante y es que Castilla fue el primer territorio de la koiné central que se preocupó por estabilizar las normas (ortográficas y sintácticas) del nuevo instrumento de expresión, aunque el resultado fuese precisamente el de desvirtuar la neutralidad originaria del español al castellanizarlo. Esta fue la tarea emprendida por Alfonso X y sus colaboradores.

En el siglo XIII el rey Sabio, que se había preocupado de consolidar la escuela de traductores de Toledo, da un paso muy importante al decidir que los textos árabes, en los que se había transmitido el legado de la antigüedad helénica, no se tradujesen al latín, sino al castellano. Naturalmente ello exigía dotar de normas a lo que hasta entonces había sido una lengua meramente oral. Así surge el llamado *castellano drecho*, según se afirma en el prólogo al *Libro de la Ochava esfera* (1284). Pero Alfonso X tenía muchas posibilidades donde elegir. Había extensas zonas de Castilla y de León (definitivamente unidas en el reinado de su padre, Fernando III) que habían sido repobladas entre el XI y el XIII, en las que se hablaba básicamente koiné central. Y había otras, la cuna de Castilla, que, al no haber sido repobladas, exhibían una fragmentación dialectal mucho mayor, si bien en las que eran fronterizas con el dominio vasco se hablaba igualmente koiné. Pero en la Edad Media la norma lingüística no la marcaba el pueblo. Tal vez fuera inevitable que se optase por el habla de la corte y de la cancillería real, fraguada primero en Burgos y pulida luego en Toledo. Esta norma era diferente de la de los textos cancillerescos leoneses y aragoneses, pues se había esforzado en diferenciarse de ellos. Siguiendo el dictado del rey, sus colaboradores tomaron la koiné central y le impusieron un ropaje ortográfico y morfológico castellano, es decir, nacionalizaron la lengua en detrimento de su carácter koinético. Por ejemplo, en lo relativo a las sibilantes, aunque la koiné no diferenciaba entre sordas y sonoras, impusieron una oposición fonemática que la ortografía se encargó de preservar hasta comienzos del siglo XVI: *osso* (de URSU, el animal, con ese sorda) frente a *oso* (presente de AUSO, del verbo *osar*, con sonora); *faces* (de FASCIAS, «caras», con *ts* sorda) frente a *fazes* (de FACIS, presente del verbo *hacer*, con sonora); *coxo* (de COXU, «aquel al que le falta una pierna», con *sh* sorda) frente a *cojo* (de COLLIGO, presente del verbo *coger*, con sonora).

Naturalmente no es cuestión de poner objeciones a la decisión del rey Sabio por lo que respecta al impulso que le dio al romance. Castilla fue el primer territorio europeo en el que la lengua vulgar sirvió de medio de expresión a cualquier tema, incluidos los científicos. Es algo que Inglaterra o Francia no harían hasta el Renacimiento y que ha marcado el español de forma indeleble y positiva. Pero sí es de lamentar que al basarse en un sistema diferenciado del vulgar, un sistema que pronto propagaría la literatura (por ejemplo, *El conde Lucanor* de Don Juan Manuel), se creó el espejismo de que los demás reinos del centro peninsular estaban renunciando a su idioma para «castellanizarse» cuando su cancillería y su literatura adoptaron finalmente dicha norma. En el siglo XIII, el *Poema de Aleixandre* está escrito en koiné con leonesismos, el *Poema de Mío Cid* está escrito en koiné con castellanismos, el *Poema de Santa Oria* de Berceo está escrito en koiné con riojanismos y la *Razón feita d'amor* está escrita en koiné con aragonesismos. En ese momento, todos hablan koiné central. Sin embargo, desde el siglo XIV, todo lo que se escriba en León, en Navarra y en Aragón, dado que no había normas propias, se irá acomodando a la norma de Alfonso X y, por lo tanto, se dirá que está en castellano y que estos territorios se han castellanizado. Es fácil comprender las razones de lo que ocurrió. Para entonces, León ya era políticamente castellana; Aragón, que había pasado a ocupar una posición secundaria en la Corona en la que el catalán se había convertido en la lengua de prestigio, carecía de motivaciones para esforzarse por elaborar una normativa especial para la koiné; y a Navarra, encerrada en sí misma y volcada hacia Francia, le ocurría tres cuartos de lo mismo. Lo que no se puede entender tan fácilmente es que haya quien sostiene que todo el centro peninsular fue castellanizado en sólo dos siglos, sin escuela, sin medios de comunicación y sin una administración unificada. Por la misma época, durante la baja Edad Media, el centro de Francia hablaba una docena de variedades románicas, que todavía subsiste degradada en forma de patois. Y lo mismo sucedía en Italia o en Alemania.

El dilema castellano o español no deja de ser un falso dilema. Fue una cuestión de moda. Evidentemente, todos los seres humanos usan ropa, pues si no morirían de frío. Por lo general, la gente del común usa la ropa que puede comprarse, pero es sensible a los dictados de la moda y estos emanan casi siempre de las clases más pudientes. De repente, se ponen de moda las faldas de tubo y todas las mujeres intentan arreglarse sus faldas acampanadas o comprarse faldas de tubo. De acuerdo, han copiado a las modelos de las revistas. Pero eso es una cosa y otra, pretender que antes iban sin nada. La moda puede cambiar. Mañana, tal vez, la imponga una de estas adolescentes que ahora se apasionan por las faldas de tubo y que, convertida en actriz famosa, luce vaqueros en sus películas. Este cambio de moda también ocurrió con el español cuando, en el siglo XVI, Sevilla, la ciudad que centralizaba el tráfico con las Indias, impuso un nuevo modelo, que es el que se exportó a América y que hoy practica el noventa por ciento de los hispanohablantes. Es un modelo con yeísmo y con aspiraciones de la ese implosiva, entre otras características. Sin embargo, a nadie se le ha ocurrido decir que los castellanos que lo fueron adoptando —manchegos y madrileños— cambiaron de idioma para adoptar el del vecino.

# 10. EL ESPACIO PLURILINGÜE SE RESIENTE

Las circunstancias en las que se produjo la Reconquista habían expandido la koiné central más allá de sus fronteras naturales. A comienzos del siglo XVI esto resultaba bastante evidente. Aunque el portugués gozaba ya de un prestigio consolidado y Valencia disfrutaba todavía de su siglo de oro, los géneros populares, el teatro que se representaba en las plazas o los romances que cantaban los ciegos por las calles, estaban en la vieja koiné de los vascones. Así lo reconoce explícitamente un texto muy interesante de autor anónimo, la *Gramática de la lengua vulgar de España* (Lovaina, 1559), en la que se comparan las lenguas peninsulares entre sí[19]:

> Quatro son, i mui diferentes entre sí, los lenguajes enque hoi día se habla en toda España. Al primer lenguaje llaman Vazquense, que es la lengua de Vizcaia, de la Provincia i de Navarra; tiene su origen esta lengua, i reconosce por madre a la lengua Caldea, según dizen los dotos que la entienden: es mui notorio (como paresce a los más grave varones) que esta es la más antigua lengua entre todas las otras que se hablan por toda España en este tiempo. Síguese tras esta la Aráviga, que es verdaderamente Hebrea, la qual tiene el lugar segundo, no solo por su antigua i noble descendencia, como también por haver escrito en ella muchos españoles bien i agudamente ... La tercera es la lengua Catalana; esta es verdaderamente francesa, i trae su origen de la Gascoña, de la mui antigua ciudad de Limoies: háblase en ella en los reinos de Cataluña, de Valencia, Mallorca, Menorca, Iviça, Cerdeña, i aun en Nápoles ... tiene esta lengua su lugar inmediatamente junto a la lengua Araviga (dexando aparte muchas i mui buenas razones) por esta sólo, que después de los Araves, no se han escrito en toda España tantos, tan buenos i tan sotiles libros en prosa i metro como en esta lengua Catalana ... El quarto lenguaje es aquel que io nuevamente [por primera vez] llamo Lengua Vulgar de España porque se habla i

---

19   Rafael de Balbín y Antonio Roldán (eds.), *Gramática de la lengua vulgar de España (Lovaina, 1559)*, Madrid, CSIC, 1966, 5-7.

entiende en toda ella generalmente i en particular tiene su asiento en los reinos de Aragón, Murcia, Andaluzía, Castilla la nueva i vieja, León i Portugal; aunque la lengua Portuguesa tiene tantas y tales variedades en algunas palabras i pronunciaciones que bien se puede llamar lengua de por sí … A esta que io llamo Vulgar, algunos la llamaron Lengua Española, en lo qual a mi parescer erraron, pues vemos que en España hai más de una lengua i otras más antiguas, que no esta, i de más lustre por los más escritores que han tenido.

He aquí un texto sobre el que merece la pena reflexionar. Primero: las lenguas de España (entendida como denominación histórica de la Península Ibérica) son cuatro o, mejor, cinco (vasco, árabe, catalán, lengua vulgar de España y portugués); o sea, que ya entonces se concebía España como un espacio plurilingüe. Segundo: el autor reconoce la antigüedad del euskera (la supuesta procedencia caldea obedece a que por entonces se creía que era una de las setenta y dos lenguas que resultaron de la Torre de Babel y que la trajo Túbal). Tercero: incluye el árabe porque muchos españoles (es decir, habitantes de Al-Andalus) escribieron grandes obras en dicho idioma: es una generosidad que seguramente hoy día, en plena histeria anti-islámica, no nos permitiríamos. Cuarto: destaca la vinculación extrapeninsular del catalán, señala su importancia cultural y describe el espacio en el que se asienta dicho sistema lingüístico. Quinto: alude a los problemas que surgen cuando se quiere encontrar un nombre adecuado para el español, pero al mismo tiempo reconoce su carácter de lengua común (vulgar, dice), la cual se asienta como propia en los mismos territorios que en la actualidad, aunque ya entonces se habla y entiende (en calidad de segunda lengua) en todo el resto de la península. Sexto: añade el portugués, que por entonces estaba mucho menos diferenciado del español que en la actualidad, considerándolo como una más de las lenguas de España, es decir, destacando el carácter cerrado del espacio lingüístico peninsular; lo cual no debe sorprendernos, pues el carácter hispánico de Portugal se aplicaba entonces no sólo a la lengua, sino también a sus hablantes, los portugueses, a los que Luis de Camões canta en el poema nacional *Os Lusiadas* en estos términos:

Ouvido tinha aos Fados que viria
Hua gente fortíssima de Espanha

El panorama lingüístico, todavía equilibrado, que reflejan estas líneas se quebraría en el siglo XVIII. Hasta ese momento, los cuatro idiomas peninsulares —excluyendo el árabe— se consideraban representantes del espacio plurilingüe común con el mismo derecho. Por ejemplo, Pablo Pedro Astarloa, un polemista dieciochesco, reitera en su *Apología de la lengua bascongada* (1803) la vieja (y algo exagerada) idea de que el vasco es la verdadera lengua de los antiguos habitantes de la península:

No, amados españoles, no, no es la lengua bascongada la lengua de los californianos, no es el idioma de los bárbaros del norte ... no os vino de los últimos e inhabitables confines del orbe: es lengua vuestra, lengua de vuestra misma nación, lengua de vuestros más remotos abuelos...

Y Martí de Viciana, en su obra *Alabanzas de las lenguas* (1574), tras aludir al vasco y a la torre de Babel, se preocupa de señalar el carácter «vulgar» del español comparado con el catalán/valenciano, el cual reflejaría el entronque latino de ambos idiomas con mayor pureza:

Otrosí en la Cantabria quedaron sus moradores con su Ley, y con su lengua Vascuença, traída, como tenemos dicho, por Túbal ... y que la Lengua Valenciana es hija y factura de la Lengua Latina por derecha línea y propagación. Y que la Lengua Castellana procede de madre bastarda, por ser compuesta de la romance Latina, que fue Latín corrompido...

Hasta el siglo XVIII la política tan apenas había intervenido en la cuestión lingüística peninsular. Pero a partir de ese momento iba a hacerlo y sin concesiones. Una nueva dinastía, la de los Borbones, traerá costumbres francesas y las aplicará inmisericordemente. Algunas eran buenas, qué duda cabe, pero otras resultaron perniciosas. El centralismo borbónico trajo mejoras en la educación, en la sanidad, en la economía, en los transportes. Sin embargo, no supo comprender que el plurilingüismo era la esencia misma de España y que, al atacarlo, estaba poniendo en entredicho la convivencia para varios siglos. El modelo francés consistió en extender la variedad idiomática prestigiosa y cultivada, la de París, a todas las demás regiones, reduciendo sus idiomas a simples hablas locales, a *patois*; esto, que en el antiguo régimen se había iniciado de forma algo tímida, tras la revolución burguesa de 1793 quedó como doctrina oficial de la *République française*. Los que copiaron este modelo en España ordenaron hacer lo mismo con el español, sin advertir que su expansión medieval y renacentista se había producido en calidad de lengua común no impuesta y que las otras tres lenguas gozaban, por distintos motivos, de idéntico prestigio. Así surgieron los Decretos de Nueva Planta, los cuales castigaban a Cataluña, a Valencia y a Aragón, reinos que habían optado por el archiduque de Austria en la guerra de Sucesión ganada por los Borbones y que fueron penalizados con el relegamiento del catalán/valenciano al ámbito familiar:

Finalmente mando que la enseñanza de primeras letras, latindad y retórica se haga en lengua castellana generalmente dondequiera que no se practique, cuidando de su cumplimiento las Audiencias y justicias respectivas, recomendándose también por el mi Consejo a los diocesanos, universidades y superiores regulares para su exacta observancia y diligencia en extender el idioma general de la nación para su armonía y enlace reciproco.

Las secuelas de esta decisión injusta todavía no se han superado. Como el español no era el «idioma general de la nación», sino la lengua de intercambio que habían propiciado los vascones, la que todos conocían mejor o peor, ocurrió que la pretendida «armonía y enlace recíproco» se alcanzó con una herida curada en falso que todavía supura.

# 11. LAS DOS CARAS DE LA MONEDA

Las monedas tienen cara y cruz. Ambas partes se suponen equiparables y, por eso, echamos suertes dejando que el azar decante la opción de un lado o del otro. Pero no siempre sucede así. Un amigo mío, militante de un partido de extrema izquierda a principios de los setenta, cuando iba de bares con la pandilla y le tocaba invitar, sacaba parsimoniosamente las monedas del bolsillo, las miraba y las colocaba sobre la barra cuidando que la cara del dictador quedase abajo y el escudo de España, arriba. Era su manera simbólica de luchar contra la manipulación que el franquismo había introducido hasta en un espacio neutral como el de las monedas.

Pues bien, el español, la lengua española, también es una moneda con dos caras que no resultan ser equivalentes. En el anverso y desde la Edad Media, funciona como *lengua común*, primero del centro peninsular, después de otros territorios; en el reverso y desde el siglo XVIII, funciona como *lengua oficial*:

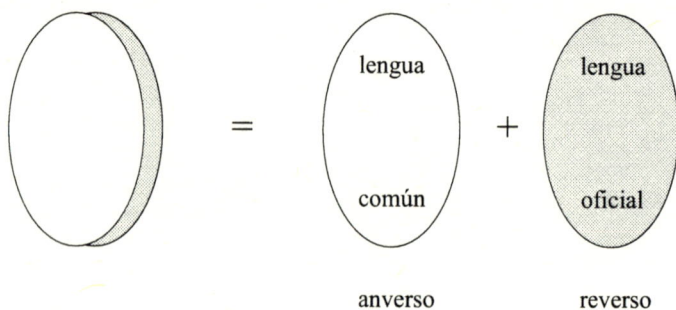

anverso              reverso

La oficialidad no se alcanza legalmente hasta la Constitución de la II República (1931):

> Artículo 4. El castellano es el idioma oficial de la República. Todo español tiene obligación de saberlo y derecho de usarlo, sin perjuicio de los derechos que las leyes del Estado reconozcan a las lenguas de las provincias o regiones. Salvo lo que se disponga en leyes especiales, a nadie se le podrá exigir el conocimiento ni el uso de ninguna lengua regional.

> Art. 50. Las regiones autónomas podrán organizar la enseñanza en sus lenguas respectivas, de acuerdo con las facultades que se concedan en sus Estatutos. Es obligatorio el estudio de la lengua castellana, y ésta se usará también como instrumento de enseñanza en todos los Centros de instrucción primaria y secundaria de las regiones autónomas.

si bien venía preparándose desde mucho antes, desde los Decretos de Nueva Planta en el XVIII y la —fallida— extensión de la enseñanza primaria gratuita y obligatoria a todo el país con la ley Moyano (1857). Es verdad que todavía a fines del XIX esta ley, que preconizaba el español como idioma vehicular de la enseñanza, no se había aplicado —y de ahí el regeneracionismo de Costa con su famoso *escuela y despensa*—, mas la tendencia a desequilibrar la balanza ya estaba en ciernes. La oficialidad supuso una quiebra en la estimación mutua de las lenguas de España, según ponen de manifiesto las polémicas que enfrentaron a los escritores de la generación del 98 con los primeros ideólogos del nacionalismo a comienzos del XX y que se han continuado produciendo hasta hoy[20]. Una cosa es aceptar los hechos, a saber que el español se había extendido naturalmente como lengua común de España, y otra incentivar artificialmente dicho carácter con medidas administrativas que encubren el menosprecio de las demás lenguas del país. Una delegación de miembros fundadores de la RAE se había dirigido al rey Felipe V con un discurso gratulatorio tras recibir el escrito de reconocimiento en estos términos:

---

20  Hay muchos libros que recogen estas polémicas, pero desgraciadamente suelen estar concebidos desde una de las partes tan sólo. Así, el trabajo de Francesc Ferrer i Gironés, *La persecució política de la llengua catalana*, Barcelona, Edicions 62, 1985, acumula testimonios desfavorables para los defensores del español sin añadir un necesario capítulo con los dislates de sus detractores. Exactamente igual, pero concebido para fustigar a los nacionalismos periféricos, es el trabajo de Juan Ramón Lodares, *El paraíso políglota*, Madrid, Taurus, 2000, donde tampoco se reconoce que los otros pueden tener su parte de razón. Esto por citar dos trabajos de especialistas serios y que se atienen a los patrones académicos: del ámbito más o menos pintoresco de las apologías y las invectivas se podrían citar cientos de panfletos.

...pues de su amparo sólo espera [la Academia] su defensa, su adelantamiento, y el buen logro de su Fin; que no es otro, que el de cultivar con el Arte *la Lengua Castellana, que por tan justas razones se há adquirido el principado entre las demás Lenguas y Dialectos de España* [el subrayado es mío] ... La Real Academia Española, que por orden del Rey nuestro señor se ha formado en esta Corte, para la perfeccion de la Lengua Castellana, propria de V.A. por su nacimiento, y propria, por el Principado que goza ella entre las demas de la Monarquia...

Pudiera parecer que las «justas razones» por las que el español ha adquirido preeminencia sobre las demás lenguas se reducen a que es el idioma del Príncipe. Sin embargo, el *Discurso proemial sobre el origen de la Lengua Castellana* incluido en el *Diccionario de Autoridades* nos revela cuál era la conciencia lingüística de la institución[21]:

La Lengua Castellana, que *por usarse en la mayor y mejor parte de España* (el subrayado es mío), suelen comúnmente llamar Española los Extranjeros, en nada cede a las más cultivadas con los afánes del arte, y del estúdio.

Desde luego, la RAE del siglo XXI (con independencia de que algunos académicos firmaran el Manifiesto y otros no: todos están en su derecho, aunque la institución, como tal, no podía hacerlo) no es la del siglo XVIII y su postura ante las lenguas peninsulares está lejos de los planteamientos citados. Pero en el inconsciente colectivo de los españoles monolingües de a pie la afición por el exclusivismo representativo del idioma no se ha extinguido. Un ejemplo entre mil: en agosto de 2008 visité en el Museo Camón Aznar una muestra artística, organizada al calor de los fastos de ExpoZaragoza, que estaba dedicada al Ebro y a los iberos: el comisario de la misma o quien hubiera escrito los textos sostenía que el origen de España se halla en el Ebro porque en Zaragoza, donde se apareció la Virgen del Pilar, surge la religión (!), y en el curso alto del río, en San Millán, es donde nace la lengua. Así, sin más, la lengua: ¿y las otras lenguas, acaso no son igualmente españolas? (que los judíos y los musulmanes, luego los protestantes, no lo eran plenamente tuvieron amplia ocasión de experimentarlo). Malo es creerse mejor que los demás; peor, mucho peor, es convertir dicha creencia en ley. Sin embargo, a nadie en su sano juicio se le ocurriría que un Estado moderno puede funcionar sin una lengua oficial. A veces,

---

21    Dagmar Fries, *La Real Academia Española ante el uso de la lengua (1713-1973)*, Madrid, SGEL, 1989, 32-33 y 40 (la cita de *Dicc. Aut.* es de la edición facsímil de 1969, I, XLII).
22    En cualquier caso el inglés ya ha sido declarado oficial en bastantes estados y al paso que vamos acabará siéndolo también en la Constitución. Para esta cuestión cfr. James Crawford (ed.), *Language Loyalties. A Source Book on the Official English Controversy*, Chicago, The University of Chicago Press, 1992.

cuando nadie la cuestiona, es posible no darle reconocimiento constitucional explícito, según sucede, por ejemplo, en los EEUU[22]. En ocasiones, en países claramente federales donde cada región habla una sola lengua, el Estado se declarará oficialmente plurilingüe: es el caso de Suiza (donde los ciudadanos de Ginebra no entienden el alemán y los de Zúrich desconocen el francés) o el de Bélgica (donde flamencos y valones hacen esfuerzos hercúleos por no entenderse), pero, desde luego, no es el caso de España, a pesar de que dichos ejemplos se reclaman una y otra vez como modelo. ¿Cómo proceder entonces?

La Constitución de 1978 abrió un nuevo periodo en la historia de España, caracterizado, entre otras cosas, por una lenta recuperación del catalán/valenciano, del gallego y del vasco. Las etapas han sido básicamente tres[23]: primero se declaró la existencia de un conflicto lingüístico en las comunidades bilingües y se dictaminó que la única solución era volver a la situación medieval, es decir, al monolingüismo en la llamada lengua propia; a continuación se fue convirtiendo paulatinamente, a base de sucesivas reformas legales, dicha lengua propia en idioma vehicular de la administración y de la enseñanza; por fin, se pasó a considerar el español como una simple lengua de inmigrantes, sin derechos legítimos especiales fuera de su (denunciada) imposición legal como lengua oficial del Estado. Este proceso no se halla igualmente adelantado en las distintas comunidades bilingües, pero la tendencia general en todas ellas es la misma: la lengua propia se está convirtiendo en oficial y vehicular —esto es, común— a la vez.

Así resulta, por un lado, que el español, quien a cuenta de su extraordinaria implantación como lengua internacional resiste bien, sigue siendo la lengua común y oficial de España, pero al mismo tiempo, el catalán/valenciano, el gallego y el vasco también son (o llevan camino de ser) comunes y oficiales en sus respectivos territorios. Difícil papeleta en dos órdenes, en el factual y en el emotivo. El primero es cuestión de leyes y está en la base de las polémicas que subyacen al manifiesto por el castellano o a la creación de partidos políticos explícitamente antinacionalistas, como antes estuvo en la base de tantos otros manifiestos de signo contrario y en la (re)fundación de partidos nacionalistas a la muerte de Franco. No trataremos tan apenas de leyes aquí: las leyes pueden modificarse y su periodo de vigencia siempre es efímero. Más grave me parece el factor emotivo. He dicho que, desde el siglo XVIII, el español, que había venido siendo aceptado como lengua común sin reticencia alguna por todos, se vol-

23 Los avatares de este proceso se exponen en Ángel López García, «Las lenguas de España entre la convivencia y la coexistencia», en Salustiano del Campo y José Félix Tezanos (eds.), *España siglo XXI. La Sociedad*, Madrid, Biblioteca Nueva, 859-903.

vió antipático al oficializarse e imponerse a los hablantes maternos de las demás lenguas. Pues bien, ahora mismo asistimos al proceso contrario: todavía falta mucho para que las lenguas propias se recuperen, pero, como consecuencia de ciertas políticas de recuperación agresivas y poco inteligentes, lo que está sucediendo es que los hispanohablantes de las zonas bilingües, que suelen aceptar sin rechazo el carácter común de la lengua propia, repugnan los excesos de la oficialización de la misma y empiezan a verla con antipatía. Las dos caras asimétricas de la moneda han alcanzado ya a todos los valores cambiarios del sistema sociolingüístico español.

## 12. EL CATALÁN/VALENCIANO: DOS NOMBRES PARA UNA MISMA LENGUA

Pudiera creerse que este libro versa sólo sobre el español como lengua común de España y los problemas derivados de tal condición en las comunidades bilingües. Sin embargo, la condición común, esto es, la de instrumento de comunicación compartido por todos los miembros de la comunidad[24], también alcanza a las otras lenguas peninsulares, así que tal vez debería haberlo titulado *Las lenguas comunes*. Hemos visto cómo en el centro de la península la tensión vertical de la Reconquista, la cual llevaba a León, Castilla, Navarra y Aragón hacia el sur, fue pronto modificada por la tensión horizontal derivada de la necesidad de encontrar un instrumento de comunicación común, instrumento que apareció tempranamente con la koiné protectora desarrollada por los vascones. Esta situación se planteará igualmente en los dos extremos de la península, Galicia y Cataluña, pero de manera diferente porque no existía ese elemento peculiar, es decir, porque los cristianos que avanzaban hacia el sur no se toparon con un romance simplificado ya hecho.

Cataluña surgió de manera parecida a como lo hicieron los demás reinos peninsulares, como elemento de resistencia cristiana frente a Al-Andalus, si bien con una peculiaridad que marcó fuertemente sus primeros siglos de existencia. Si se examina el mapa físico de la Península Ibérica, se advertirá que los Pirineos constituyen una frontera natural formidable en el centro y en el oeste, pero no en el este. Por Aragón, y también por el oriente de Cataluña (Ribagorça, Pallars y Urgell), cimas de más de dos mil metros separan ambas vertientes y convierten el paso en una aventura. Por Navarra, la altura disminuye conforme nos acercamos al Cantábrico, pero, aun así, kilómetros y kilómetros de bosque hacen muy difícil la travesía y fácil la resistencia, según pudieron comprobar

---

24     Como filólogo no resisto la tentación de destacar que *común, comun*idad y *comun*icación son palabras de la misma raíz, la cual lleva además a *com*partir.

cuantos intentaron domeñar el territorio, desde Carlomagno, que fue vencido ignominiosamente en Roncesvalles en el siglo IX, hasta los ejércitos liberales del XIX que necesitaron tres guerras y un compromiso para domeñar a los carlistas. En Cataluña no es así; cerca del Mediterráneo, en el Coll de Portús y en Port Bou, el paso de la línea fronteriza resulta sencillo y la posibilidad de que se produzcan invasiones, bastante grande. Por eso, casi todos los invasores que no llegaron a la Península por mar lo hicieron por aquí, como sucedió con los visigodos. Claro que la Península Ibérica también ha exportado invasores hacia el norte y la ductilidad de la frontera pirenaica catalana se repitió: por aquí entraron los cartagineses de Aníbal para sorprender a Roma por la espalda y, más importante todavía, por aquí habían penetrado los árabes en el siglo VIII.

Los monarcas francos que, tras la derrota musulmana en Poitiers, quisieron tener las espaldas bien cubiertas, se preocuparon de crear un cinturón de estados cristianos amigos a lo largo del Pirineo. No obstante, la relación que tuvieron con Navarra o con Aragón, y no digamos con el lejano reino de Asturias, no se puede comparar con los estrechos lazos que mantuvieron con Cataluña. En el caso de aquellos reinos, se limitaron a apoyar su rebelión contra el califato de Córdoba; en el caso de Cataluña, realmente la fundaron, se puede decir que hicieron a Cataluña. Es algo parecido a la actitud que tienen los EEUU respecto a los estados de Oriente Medio: con Arabia Saudí o con Turquía existe una estrecha alianza política y militar, pues representan los intereses de Occidente en la zona; en cambio, el estado de Israel es una verdadera creación de los EEUU y no podría subsistir sin su apoyo diplomático, económico y militar.

Los condados catalanes de Barcelona, Girona, Besalú, Cerdanya y Urgell fueron verdaderas cabezas de puente de la monarquía de los francos. Por eso, eran feudatarios de la misma, dependían eclesiásticamente del arzobispado de Narbona y, durante siglos, miraron más hacia el norte que hacia el sur. Esto es importante advertirlo. Ningún reino cristiano orientó su acción política fuera de la península en los primeros tiempos. Tendrían que pasar varios siglos para que Navarra, una vez cerrado el camino del sur por Castilla y Aragón, se interesara por los asuntos ultrapirenaicos. Aragón nunca lo hizo y no se extendió más allá de los Pirineos, Castilla y León, en fin, sólo intervino en la política europea a partir del siglo XIII cuando Alfonso X opta sin éxito a la dignidad imperial.

Todo esto contrasta con la actitud catalana. En el siglo XI, el condado de Barcelona, el más importante de todos, aún no había conquistado Tarragona, la capital histórica de la Tarraconense romana, y no hacía tanto que había sido humillado por el caudillo árabe Almanzor, pero ya se preocupaba de intervenir en el sur de Francia con la incorporación de Carcasona en 1065. Sólo cuando caiga Tarragona y así se recomponga la dependencia de un arzobispado peninsular, empezará Cataluña a bascular hacia el sur. El cambio de orientación se produce en el siglo XII. Al ligarse políticamente a Aragón desde 1137, Cataluña orientará decididamente su acción militar hacia la reconquista de territorios de Al-Andalus, alcanzando la línea del Segre, del Cinca y del Ebro, si bien el año 1166, momento en el que Alfonso II hereda el marquesado de Provenza, vuelve a inclinar la balanza hacia el norte. Pero el sueño ultramontano sería breve: la derrota de Pere II en Muret (1213), cuando la herejía de sus súbditos cátaros y albigenses sirvió de excusa a los francos de Simón de Montfort para intervenir en Occitania, acabó con el sueño catalán de un estado equilibradamente transpirenaico. Aun así, los últimos lazos no se perdieron hasta el siglo XVII: el tratado de los Pirineos (1659) sanciona la derrota de la monarquía de los Habsburgo por los Borbones franceses y se llevó el último florón extrapeninsular de la Corona de Aragón, un Rosellón que todavía hoy habla, aunque a duras penas, catalán.

El hecho de que durante tanto tiempo Cataluña se extendiese a ambos lados del Pirineo y fuese, también, un estado francés, tuvo consecuencias muy importantes para su lengua, el catalán. Por un lado, el catalán es, de todos los romances peninsulares, el único que ha suscitado dudas respecto a su clasificación filológica[25]. Ha habido autores que, con buenos argumentos —evoluciones fonéticas y términos léxicos compartidos—, lo han considerado un idioma del grupo galo-románico, junto con el francés y el occitano. También ha habido autores que, manejando el mismo tipo de argumentos —esto es, otras evoluciones fonéticas y distintos términos léxicos compartidos—, lo han clasificado entre las lenguas ibero-románicas, junto al español y al gallego-portugués. Pero esto no es lo más importante. A veces las clasificaciones filológicas contradicen las afinidades políticas y culturales; por ejemplo, Finlandia siempre se ha esforzado por salir de la órbita eslava e integrarse en Occidente, aunque su lengua pertenece al mismo grupo que otros idiomas hablados en Rusia. Mucho más importante es que la cultura catalana estuvo ligada, en estos primeros tiempos, a Occitania (la Galia Narbonense) antes que a Hispania. Sólo así se comprende la circunstancia sorprendente de que los primeros escritores catalanes (como Guillem de Berguedà o Ramón Vidal de Besalú) fueran excelentes poetas, pero... en provenzal, y de que el catalán literario tuviese que esperar hasta el siglo XIII para hacer su aparición.

---

25   Jalonan esta polémica trabajos emblemáticos como el de Amado Alonso, «La subagrupación románica del catalán», *Estudios lingüísticos. Temas españoles*, Madrid, Gredos, 1951, 11-100 o el de Germán Colón, *El léxico catalán en la Romania*, Madrid, Gredos, 1976.

Para la constitución de koinés transicionales durante la Edad Media peninsular todos estos hechos tuvieron una enorme importancia. Si Cataluña no hubiera mirado durante tanto tiempo hacia la otra vertiente de los Pirineos, tal vez se habría llegado a una koiné protectora similar a la de la Rioja, una koiné que representase una facilitación del romance (en este caso del catalán) a los hablantes vascónicos, primero, y a los de las nuevas villas pobladas conforme avanzaba la Reconquista, después. Algo de esto hubo en realidad, aunque en fase incipiente. Porque Castilla y Aragón no eran los únicos reinos colindantes con los vascos (en su caso los de Navarra). En Cataluña, como demostró Joan Coromines[26], se siguió hablando vasco en el Pallars hasta el siglo XI y, aunque no llegó a formarse un romance simplificado de origen vascónico, las variedades catalanas de las comarcas contiguas, las de Urgell y Cerdanya, tuvieron una importancia inusitada para lo que luego sería el catalán común. Los primeros documentos escritos en catalán, sus Glosas Emilianenses, son textos del siglo XI (un *Jurament feudal de fidelitat*, las *Greuges de Guitard Isarn*, etc.) que proceden de esta zona, no del culto, sofisticado y burgués condado de Barcelona. También son occidentales los textos que siguieron, el *Llibre jutge* o las *Homilíes d'Organyà*, ya en el XII. No es una casualidad. Más aún: la variedad marinera y comercial, emprendedora y rupturista, del catalán que se hablaba en Barcelona, llegará a Tarragona, pero ya no a Tortosa ni más al sur; tampoco logrará penetrar en la *terra ferma* de Lleida o de Fraga (en Aragón).

Este catalán koinético, que se desarrolla en muchas ciudades y aldeas reconquistadas, representaba una transición hacia las variedades romances del centro de la península, aunque no pueda decirse que fuese un idioma simplificado por gentes que habían intentado aprender latín desde otro mundo lingüístico. Por ejemplo, mientras que en catalán occidental existen siete vocales (a, E, e, O, o, i, u) en sílaba tónica y cinco (a, e, i, o, u) en sílaba átona, en catalán oriental el sistema es similar en la tónica, pero no en la átona donde las velares (O, o, u) suenan [u] desde el siglo XVI y las centro-palatales (a, E, e) suenan /∂/ desde el XIII. Es fácil comprender que los pobladores de las urbes arrebatadas a Al-Andalus tendrían menos dificultades para aprender catalán occidental que oriental: los habitantes de las taifas sólo poseían cinco vocales (a, e, i, o, u) en su árabe vulgar, igual que los vascones, y en cuanto a los extrapeninsulares (francos, gascones, germanos, etc.), aunque partían de inventarios vocálicos más complejos (con ö, ü, etc.), siempre les resultaría más sencillo asimilar un sistema que no varía dependiendo del acento que uno que sí lo hace, pues este altera la identidad de las raíces y las hace menos visibles. Desde el punto de

---

26    Joan Coromines, «El parlar de Cardós i Vall Ferrera», *Entre dos llenguatges*, II, Barcelona, Curial, 1976, 29-67.

vista léxico, el catalán occidental meridional tenía muchos más arabismos que el oriental, lo cual constituía un motivo suplementario para que sirviera de base a la koiné general.

Mientras Cataluña estuvo oscilando entre el norte y el sur, entre la relación con Occitania y la tendencia a continuar la Reconquista, esta dualidad dialectal sólo se manifestó de forma incipiente, pues, en definitiva, los territorios conquistados a la orilla del mar pertenecían al mismo universo político y cultural que los de las comarcas interiores de la depresión del Ebro. Pero después de 1213, Jaume I, el sucesor de Pere II, impondrá un giro radical a la política de la Corona olvidándose del norte y lanzándose hacia las ricas taifas meridionales de Valencia, Denia, Murcia y Baleares. Cataluña, que hasta dicho momento nunca había dejado de actuar como Marca Hispánica de los francos, pasó a hacerlo como los demás reinos peninsulares y desde entonces sólo pareció interesada en continuar la Reconquista. Lo curioso es que, en vez de proceder con un criterio político uniforme, se llegó a una verdadera bifurcación política: las Baleares serán conquistadas por la burguesía de Barcelona y terminarán hablando catalán oriental; el resto, conquistado por catalanes de Lleida y por aragoneses, formará un reino independiente desde el inicio, el Reino de Valencia, y hablará una variedad del catalán occidental que pronto será llamada valenciano. Los acontecimientos posteriores no hicieron sino consolidar este patrón. Mallorca reforzará los lazos ultrapirenaicos del catalán oriental, pues entre 1276 y 1343 dependió del Rosellón, con lo que su filiación extrapeninsular fue todavía más fuerte que la de la propia Cataluña central; añádase a ello el periodo en el que Menorca dependió de la corona inglesa durante el siglo XVIII para comprender que las islas han sido un verdadero laboratorio idiomático en el que el catalán oriental ha mantenido toda su pureza. En cambio, el Reino de Valencia, que había sido repoblado en su zona interior mayoritariamente por los aragoneses, lo que condujo a la implantación de la koiné central de los vascones desde el siglo XIII, no hizo sino consolidar esta proclividad idiomática con nuevos aportes de pobladores del interior en el siglo XVII, cuando la expulsión de los moriscos (que seguían hablando árabe) dejó despoblada la Serra d'Espadà; y aún recibiría una tercera oleada migratoria aragonesa en el siglo XIX, al calor del desarrollo urbano de la ciudad de Valencia.

Tocamos aquí un punto espinoso, un verdadero campo de minas, para cuya exacta comprensión convendrá dejar las cosas claras desde el inicio: primero, el valenciano pertenece al mismo sistema lingüístico que el catalán, no es una lengua diferente; segundo, el valenciano, que filológicamente pertenece al mismo subsistema que el lleidatà o que el tortosí, no es equivalente a ellos desde el punto de vista cultural y social, sino que tiene una entidad diferenciada, la cual justifica plenamente la existencia de un nombre específico. Esto quiere decir que *catalán/valenciano* no es una denominación comparable a *castellano* o *español*. Con *castellano* no sólo denotamos la misma lengua que con *español*, sino que además ambas palabras connotan lo mismo, por lo que el hecho de usar un término u otro obedece a meras razones, ya señaladas, de oportunidad comunicativa. Se emplea *español* para referirse al idioma cuando se está dando clase a extranjeros (ingleses, rusos, etc.) o cuando se habla con un andaluz o con un colombiano, pero se procura decir *castellano* cuando uno se dirige a un gallego o a un argentino. Es evidente que con *catalán* y *valenciano* no sucede esto: fuera de la Comunidad Valenciana sólo se emplea el término *catalán*, tanto en calidad de denominación científica (salvo cuando nos referimos al dialecto *valenciano*) como coloquialmente.

Lo anterior ha tendido a dar la impresión de que el término *valenciano* (*valencià*) es una especie de capricho al que se aferran los habitantes de la Comunidad Valenciana y que los demás les consienten graciosamente. Como si dijéramos: dado que en Argentina se habla un dialecto bastante peculiar (sobre todo en la región de Buenos Aires), vamos a aceptar que los argentinos, en vez de decir que hablan español, sostengan que hablan argentino o, incluso, porteño. La comparación no es irrelevante. En el siglo XIX hubo todo un movimiento encaminado a segregar el español de la Argentina respecto de la lengua común: un tal Abeille llegó a escribir un libro, titulado *El idioma nacional argentino,* en el que tal propuesta se intentaba fundamentar con supuestos argumentos «científicos» basados en diferencias fonéticas, gramaticales y léxicas entre el español de la Península Ibérica y el de Argentina[27]. La propuesta, resulta innecesario decirlo, no prosperó. Tampoco han faltado intentos de separar el valenciano del tronco común que comparte con el catalán y, como en el caso anterior, tampoco han tenido éxito. Algunos fueron disparatados, como el que pretendía entroncar el valenciano directamente con el mozárabe: si ninguna lengua peninsular puede derivarse del mozárabe (del romance que se hablaba en Al-Andalus), ni siquiera la de regiones conquistadas en el siglo XII como Lisboa (1147), ¿por qué había de entroncar con él la lengua románica de un reino cuya capital se conquista un siglo después? (Valencia fue tomada por Jaume I en 1238).

Otros intentos, más prudentes, pretenden sustentar la especificidad idiomática del valenciano en aquellas propiedades lingüísticas que lo diferencian del catalán. El problema es que tanto *el valenciano* como *el catalán* son abstracciones de los filólogos. Las lenguas sólo existen en boca de sus hablantes y, por con-

---

27   La cuestión se examina en Amado Alonso, *Castellano, español, idioma nacional*, Buenos Aires, Losada, 1979.

siguiente, estos juicios de semejanza y desemejanza dependen de la muestra que utilicemos. Por ejemplo: entre el catalán de Sant Carles de la Ràpita y el valenciano de Vinaròs, localidades situadas a pocos kilómetros, no hay prácticamente diferencias. En cambio, entre el dialecto *apitxat* de la ciudad de Valencia y el barceloní, las diferencias son considerables y no es de descartar que, sin estar acostumbrados de oído, los hablantes de apitxat extrañen la lengua de los de Barcelona. Algunas variedades de la lengua catalana son difíciles para todos los que no las aprendieron de niños, según sucede con las de las Baleares, pues al evolucionar de forma más o menos independiente del resto, han desarrollado usos desconocidos fuera de las islas. Pero todo esto no tiene nada de particular, ocurre en todos los idiomas. En español, sin ir más lejos, se entienden con facilidad dos personas que vivan a orillas opuestas del Río de la Plata, es decir, un argentino de Buenos Aires y un uruguayo de Montevideo. Sin embargo, no está nada claro, según hemos dicho arriba, que el dialecto de cualquiera de ellos lo entienda siempre con facilidad un hablante de Bogotá o de Madrid. Por otro lado, también aquí, existen variedades más puras, en el sentido de que, al haber permanecido aisladas, evolucionaron de forma independiente: es lo que sucede con el español de Nuevo Méjico, por ejemplo, el cual, rodeado durante siglos por el inglés, resulta casi incomprensible para bastantes hispanohablantes.

Por desgracia, las consideraciones anteriores se suelen utilizar como un argumento irrebatible para deslegitimar el valenciano, tildándolo poco menos que de mero rótulo que responde a un compromiso político. Ocurre que el *Estatut d'Autonomia* habla de valenciano, sin citar para nada el catalán:

> Els dos idiomes oficials de la Comunitat Autònoma són el valencià i el castellà. Tots tenen dret a conéixer-los i a usar-los (artículo 7.1)

También ocurre que recientemente se fundó, a iniciativa de les Corts Valencianes, una *Acadèmia Valenciana de la Llengua* (AVL), entre cuyas finalidades principales se cuenta la de normativizar el valenciano, nuevamente sin que se mencione para nada el *Institut d'Estudis Catalans,* es decir, la otra entidad que se ocupa de la normativa de la lengua común; dicha AVL emitió el 9 de febrero de 2005 un dictamen en el que se afirma lo siguiente:

> Com és sabut, un sector de la societat valenciana considera que l'idioma propi dels valencians coincidix amb la llengua que es parla en altres territoris de l'antiga Corona d'Aragó, mentres que un altre sector considera que és una llengua diferent. Esta polèmica s'ha vinculat, sovint, al tema de la identitat nacional dels valencians. Per això, en alguns sectors socials, ha tingut ressò la tesi segons la qual identificar l'idioma propi dels valencians amb el d'altres pobles (especialment Catalunya) con-

tribuiria a la pèrdua de les senyes d'identitat del poble valencià i a una hipotètica submissió exterior. Així mateix, alguns sectors socials han considerat insuficient la incorporació al model de llengua formal de solucions lingüístiques valencianes plenament vives i avalades per la tradició clàssica, per la qual cosa han propugnat una independència total dels valencians quant a la codificació de la seua llengua pròpia com a única via de corregir eixa situació.

La conclusión que algunas personas han extraído de estos hechos es que se trata de intentos secesionistas promovidos desde determinadas instancias políticas, intentos a los que han prestado su apoyo acreditados filólogos en aras de lograr la paz civil. Hay que decir que dicha interpretación es injusta y equivocada; es verdad que en la Comunidad Valenciana la paz civil se vio seriamente alterada por la cuestión lingüística (el llamado *conflicte lingüístic valencià*) durante el último cuarto de siglo, pero ni el nombre de la lengua ni la fundación de la AVL responden a un capricho. En realidad, la cuestión del valenciano va ligada estrechamente al problema de la lengua común (*llengua comuna*) en el dominio lingüístico catalán.

Hemos dicho que durante la Edad Media no llegó a formarse un patrón unificado de lengua común catalana, si bien en la mayor parte de los nuevos territorios acabó predominando el catalán occidental y a dicho patrón se ajustaría también en lo fundamental la lengua de la cancillería real, el modelo de la lengua literaria. A todo ello vino a sumarse un factor muy especial: la singularidad histórica del Reino de Valencia. Mientras que el Reino de Castilla y León no creó un Reino de Andalucía en el sur ni Portugal hizo otro tanto en su flanco meridional, la Corona de Aragón sintió la necesidad de fundar un reino enteramente nuevo desde el momento mismo de la reconquista de la capital de la taifa de Valencia. Es habitual que los territorios de nueva implantación, coloniales o no, acaben con el tiempo independizándose de la metrópoli, según ocurrió con los EEUU y con las repúblicas hispanoamericanas. No es, en cambio, normal, sino absolutamente excepcional, que esto suceda desde el primer momento. Para comprenderlo es preciso tener presente la situación de las lenguas peninsulares en el siglo XIII. Hemos dicho que cada una estaba sometida a dos tensiones, la vertical que empujaba a la Reconquista del sur musulmán, y la horizontal, que propiciaba un estrechamiento de relaciones con los cristianos situados a derecha e izquierda. En el interior, este papel les vino dado a los romances centrales (asturiano-leonés, castellano y navarro-aragonés) por la koiné protectora de origen vascónico, no tuvieron que hacer otra cosa que asimilarse a ella. ¿Y en oriente? A un lado estaba el mar Mediterráneo, al otro territorios, como Cuenca, que habían sido repoblados por Castilla, o como Teruel, recién repoblados por Aragón, es decir, zonas hablantes de koiné. Ello confirió al Reino de Valencia una condición mestiza[28] que se traduciría en la generalización del bilingüismo pasivo y en un orgullo especial de sus habitantes, los cuales se jactan de ser algo diferente de catalanes y aragoneses: valencianos. La consecuencia de todo esto fue que el romance catalán occidental, que había llegado a Valencia junto con el catalán oriental, desplazó a este último no sólo por las razones aludidas —las mismas que lo habían privilegiado en Tortosa, por ejemplo—, sino también porque estaba más próximo a la lengua de los otros pobladores que habían venido con las tropas cristianas[29].

Este acercamiento entre el catalán común y el español común en el Reino de Valencia se ha interpretado como una cesión del valenciano, a mi modo de ver equivocadamente, dicho así, sin matices. En general puede afirmarse que antes del XVIII, es decir antes de la oficialización del español, resulta inexacto hablar de castellanización, luego ya no. ¿Cuándo ocurrió? En todo momento a partir de la conquista de Valencia, y aún podría decirse que la tendencia ya se insinuaba en las propias tropas conquistadoras. Por ejemplo, muchas de las soluciones lingüísticas que caracterizan el *apitxat* de la comarca de Valencia (L'Horta) también están presentes en el llamado *chapurriau*, el catalán de la franja oriental aragonesa donde esta variedad de contacto con la koiné vascónica se desarrolla ya en el siglo XII. En el XIII, se reconquista Valencia y el *Llibre del Repartiment* nos da cuenta de la mezcla de pobladores catalanes y aragoneses: estos predominaban en las comarcas del interior, aquellos, en las de la costa, mas la mezcla de gentes se produjo de todos modos. En el XIV nos encontramos con una nueva exposición del catalán a la koiné del centro: aunque Murcia había sido conquistada por las tropas de Jaume I (el cronista Muntaner nos dice que allí se hablaba «lo millor catalanesc del món»), un reajuste de fronteras pactado en el tratado de Almizra conduce a la dependencia definitiva de Castilla, con lo que las tierras

---

28 Es la propuesta de Eduard Mira i Damià Mollà, *De impura natione*, València, Eliseu Climent, 1986.

29 El carácter básicamente occidental del valenciano ha suscitado vivas polémicas a la hora de intentar explicarlo. El hecho es que, aunque el *Llibre del Repartiment* registra una mayoría de pobladores de procedencia catalanoriental, el dialecto que acabó imponiéndose fue el occidental. Se han ensayado explicaciones sustratísticas basadas en el ibero y con el mozárabe como agente transmisor, así como explicaciones que toman como base la supuesta debilidad de la romanización y una arabización más intensa en las tierras occidentales. Sin embargo, los datos empíricos no avalan ninguna de las dos. Emilio Alarcos Llorach, «La constitución del vocalismo catalán», en *Studia philologica. Homenaje ofrecido a Dámaso Alonso*, I, Madrid, Gredos, 1960, 35-49, adelantó una explicación basada en la nivelación de las dos ramas del catalán entre sí y con el aragonés. Es la hipótesis que tras las conclusivas investigaciones de Antoni Ferrando, «La formació històrica del valencià», *Segon Congrés Internacional de la Llengua Catalana. Àrea d'Història de la Llengua*, VIII, València, IFV, 1980, se acepta hoy comúnmente.

valencianas colindantes, más relacionadas económicamente con Murcia que con Valencia, acabarán castellanizándose, según ocurrió en el XVIII con Orihuela y en la actualidad con Alicante. En el XVI comienza a ser bilingüe la nobleza valenciana, consecuencia directa de la decadencia del régimen feudal y de su conversión en nobleza palaciega dependiente de la corte de Valladolid y Madrid; pero no sólo la nobleza: desde ese momento, numerosos escritores valencianos escribirán en español (Gil Polo, Timoneda, Gaspar Aguilar) y el pueblo asiste en la plaza del mercado a representaciones teatrales en dicha lengua, que aunque no hablaba, sí debía entender.

En el XVIII, los Decretos de Nueva Planta, ya comentados, suponen una presión castellanizante en la enseñanza y en la justicia. En el XIX, la industrialización crea una burguesía que necesita comunicarse en una koiné común con el resto de España y a la postre las grandes ciudades acaban sucumbiendo igualmente a la seducción del idioma más numeroso: además, la industria atrae numerosos emigrantes del centro de la península. En fin, el siglo XX no hace sino acentuar dicha tendencia con los grandes procesos migratorios de las décadas de los sesenta y setenta (ahora integrados, sobre todo, por andaluces, murcianos y extremeños), a los que a partir de los ochenta se sumará la presión unificadora de los medios de comunicación masiva, si bien estos dos fenómenos afectan igualmente a Cataluña y a las islas Baleares.

Todos estos procesos representaron una lamentable erosión del valenciano, aunque no dejan de ser sintomáticos de las servidumbres que la geografía ha impuesto al territorio. En época romana, Valencia pertenecía a la Cartaginense, provincia que abarcaba la mayor parte del centro peninsular; en cambio, Cataluña y Aragón constituían la Tarraconense. En casi toda Europa sucedió lo mismo: la organización territorial romana había establecido sus provincias adecuándolas a los espacios naturales y a los pueblos que los habitaban, por lo que las actuales naciones europeas ya están prefiguradas a grandes rasgos allí. Es difícil escapar a la naturaleza. En vez de lamentar la «castellanización» del valenciano, habría que admirar su notable capacidad de resistencia e intentar aprovechar sus propiedades. Claro que el valenciano representa una acomodación a la koiné central[30], unas veces por mantenimiento de características medievales similares a las de esta, otras por préstamo lingüístico. Así, no posee vocales neutras, con lo que el timbre de la expresión recuerda al del español y

---

30   Representa una *construcción cognitiva* peculiar del catalán, la cual lo acerca al español. Para estos procesos véase el trabajo de Klaus Zimmermann, «Interferenz, Transferenz und Sprachmischung. Prolegomena zu einer konstruktivistischen Theorie des Sprachkontaktes», en Ermenegildo Bidese, James R. Dow y Thomas Stolz (eds.), *Das Zimbrische zwischen Germanisch und Romanisch*, Bochum, Broekmeyer, 2005, 5-23.

al del vasco. Además, en *apitxat* se han ensordecido las sibilantes, de manera que no hay sino ese, etse y etxe, nuevamente como en español y en vasco. En la gramática destaca la forma -*ra* del imperfecto de subjuntivo (*vinguera* como *viniera*, en vez de *vingués*), los tres demostrativos *este, eixe, aquell* (como *este, ese, aquel*, frente a *aquest, aquell*) o el orden CI + CD de los pronombres átonos (*li la trobà* como *se la encontró*, frente a *la hi va trobar*). Desde el punto de vista léxico, en fin, los castellanismos son abundantes. Mas lo cierto es que, territorialmente, el valenciano tan apenas ha retrocedido y, socialmente, desde la promulgación de la *Llei d'Us i Ensenyament*, ha comenzado a recuperar su estimación social: en parecidas o incluso mejores circunstancias históricas, los romances de la Galia (el normando, el picardo, el provenzal...) fueron barridos por el francés y hoy son simples hablas locales o patois.

## 13. LA DOBLE MIRADA DEL ROMANCE ORIENTAL DE LA PENÍNSULA IBÉRICA

Entre el siglo VII y el siglo XII, el vasco se acomodó al latín y el resultado fue el español. Entre el siglo XIII y el siglo XXI, el catalán se acomodó al español y el resultado ha sido el valenciano. Este proceso ha tenido dos consecuencias, una negativa y otra positiva. La positiva, como acabo de destacar, es que ello ha permitido salvar el catalán al sur del Ebro hasta hoy. La negativa tiene que ver con las dificultades que se presentaron para encontrar una normativa común a todo el dominio lingüístico catalán en la época moderna. Y es que *la oficialización de la lengua común* (las *dos caras de la moneda* a las que me refería páginas atrás) no fue algo exclusivo del español, es un proceso que en la modernidad afectaría a todas las lenguas de cultura, entre ellas el catalán, donde también surgieron problemas, si bien distintos de los del español. En la Edad Media los documentos de la cancillería real optaron por el catalán occidental, como he dicho: fue una solución inteligente, por cuanto representaba una especie de término medio entre todos los dialectos. Pero la evolución histórica independiente de los mismos a partir del siglo XVI complicó notablemente el panorama. Es normal que los territorios nuevos acaben aportando glorias literarias a la casa matriz, pero mucho tiempo después de su creación: si el español llega a América en 1492, tuvieron que pasar cuatro siglos para que sus escritores —Rubén Darío, García Márquez, Lezama Lima, Vargas Llosa— se pudieran considerar clásicos comparables a Lope, Cervantes o Galdós; asimismo, aunque el inglés llega a América en el siglo XVII, como lengua científica la crearon los Newton y los Boyle británicos, y sólo en nuestra centuria los Morgan o los Miller norteamericanos. El problema es que un altísimo porcentaje de los grandes autores clásicos de la literatura medieval escrita en catalán son valencianos que escriben sólo siglo y medio después de la fundación del reino, cuando razones políticas y económicas trasladan el centro de gravedad al sur: Joanot Martorell, Ausiàs March, Jaume Roig, etc. Es como si Calderón hubiese sido mejicano o Quevedo, peruano. Y el fundador de la lengua científica catalana fue Ramón Llull, un mallorquín. Cuando, tras los dos o tres siglos que se conocen como la Decadència, catalanes, valencianos y mallorquines empiezan a plantearse la conveniencia de una norma común actualizada, es inevitable que cada uno quiera imponer la suya basándose en el ejemplo de sus propios clásicos.

La iniciativa partió de Cataluña y el modelo lo propuso Pompeu Fabra, un gramático que había vivido en Bilbao, donde había asistido a las polémicas sobre la norma del vasco, y que pensaba que en estas cuestiones lo más prudente es ceder un poco todos, como pone de manifiesto en sus *Converses filològiques* (1920)[31]:

> L'ideal que perseguim no és la resurrecció d'una llengua medieval, sinó formar la llengua moderna que fóra sortida de la nostra llengua antiga sense els llargs segles de decadència literària i de supeditació a una llengua forastera ... No es pretén supeditar cap varietat a una altra: es tracta simplement que dins cadascuna de les tres grans regions de llengua catalana, es realitzi una obra de depuració, de redreçament de la llengua. Cadascuna d'elles té els seus clàssics dins la nostra gran literatura medieval: que cadascuna els prengui com a models per depurar i redreçar la seva varietat dialectal; i això sol faria que, sense sortir-nos els uns i els altres del nostre català, ens trobaríem escrivint modalitats no pas diferents d'una sola llengua literària.

Por eso, la actual normativa del Institut d'Estudis Català, basada en las propuestas fabrianas de 1913, se sitúa a medio camino entre el valenciano y el balear, tomando como referencia principal la norma del catalán central. Es una solución parecida a la que medio siglo más tarde se adoptaría para el vasco, donde Koldo Mitxelena tomó como base el guipuzcoano, situado entre el vizcaíno y los dialectos del norte del Pirineo, a la hora de dar normas al *euskara batua*. Sin embargo, mientras que las polémicas que rodearon esta decisión ya se han apagado, las disputas sobre la norma del romance oriental fueron más virulentas y, en cierto sentido, todavía no han terminado del todo. Evidentemente, la situación del siglo XX no era la del siglo XV y parecía lógico que ahora la norma basculase hacia el catalán oriental: en el siglo pasado y en la actualidad, aunque se escriben obras de relieve en las tres zonas, el centro de la producción editorial y la extracción de los principales autores (Salvador Espriu, Josep Pla, Mercè Rodoreda, etc.) se ha trasladado al norte. Hay que decir también que las normas de Fabra se concibieron sin voluntad impositiva fuera de Cataluña y con conciencia de la variabilidad interna del sistema lingüístico: tanto es así que, en 1932, un numeroso grupo de escritores, editores y filólogos valencianos firma un acuerdo (*Normes de Castelló*) por el que se acepta la propuesta fabriana con escasas modificaciones. Por otra parte, cuando después de la guerra civil se elaboró el monumento lexicográfico principal del idioma, el *Diccionari Català-Valencià-Balear* (1949-1962), se hizo con voluntad integradora, según refleja el

---

31  Pompeu Fabra, *Converses filològiques I*, Barcelona, Barcino, 1954, 49-50.

título mismo y el hecho de que lo compusieran dos mallorquines, Francesc de B. Moll y Antoni M. Alcover, y un valenciano, Manuel Sanchis Guarner. No obstante, ello no fue suficiente para lograr la unanimidad: en Baleares y, sobre todo, en la Comunidad Valenciana, persistieron las diferencias; algunos autores, como el padre Lluis Fullana, habían propuesto una normativa diferente para el valenciano, la cual fue reivindicada durante la transición y en pleno conflicto lingüístico por algunos grupos (*Normes del Puig*, 1991). La Academia Valenciana de la Llengua ha acogido en su seno a personas partidarias de una y otra norma, lo que permite abrigar esperanzas para el futuro.

En cualquier caso es preciso poner de manifiesto que la reordenación de la norma impulsada desde Cataluña a fines del siglo XIX representaba una manifestación muy clara del nacionalismo de la Renaixença, pero no aspiraba a sustraer el catalán del espacio plurilingüe peninsular. Por ejemplo, el propio Enric Prat de la Riba (*La nacionalitat catalana*, 1906) concibe la misión histórica de Cataluña en estos términos:

> Llavors serà hora de treballar per reunir tots els pobles ibèrics, de Lisboa al Roine, dintre d'un sol Estat, d'un sol Imperi; i si les nacionalitats espanyoles renaixents saben fer triomfar aqueix ideal … podrà la nova Ibèria … intervenir activament en el govern del món

El catalán, como muchos otros idiomas europeos, se ha normativizado tarde, pero al mismo tiempo partía de una normativa medieval: este es el problema. Mientras que el español se dota de la norma castellana en el siglo XIII y el alemán lo hace en el XVI con Lutero, el serbocroata, el noruego, el eslovaco o el lituano no lo hicieron hasta el XIX. El catalán lo hizo en la Edad Media, cuando predominaban culturalmente los autores valencianos, y en el XIX, cuando predominaban los catalanes (los isleños, desde Ramón Llull hasta Costa i Llobera, siempre se mantuvieron al margen de esta polémica). En cualquier caso, me parece importante destacar algo evidente y es que un espacio lingüístico de unos diez millones de personas no puede sino salir perdiendo en la época de la aldea global con dos normativas diferentes, por lo que resulta vital para el catalán/valenciano que la norma siga siendo una para todo el dominio. Repito lo que dije arriba, la denominación *catalán/valenciano* no alude a esto, no implica dos normas ni mucho menos dos lenguas, sino *dos situaciones históricas* y de ahí su oportunidad. *Valenciano* alude a la situación histórica en la que el catalán y el español comparten un mismo espacio desde hace bastante tiempo, lo que lleva a compartir también algunas características. Un espacio plurilingüe ideal es aquel en el que todo el mundo habla y entiende las lenguas que lo integran. Pero esto es una utopía. Aunque parece razonable que todos los ciudadanos de dicho espacio puedan expresarse sin problemas en su lengua, no es tan fácil conseguir que los demás les entiendan, a no ser que hablen su lengua de una manera accesible (por fonética, gramática y léxico) a sus interlocutores; esto es lo que el valenciano representa frente a las variedades más cerradas del catalán. Como advierte el escritor Quim Monzó en un artículo titulado *Ses senyories* en el que comenta la alocución de Esperanza Aguirre, presidenta del Senado, cuando intervino en las diferentes lenguas de España:

Molta broma, amb Esperanza Aguirre de presidenta del Senat i el discurs multilingüe que ha fet. Tanta broma, que el que és criticable del paràgraf en català —que sigui un simple maquillatge i que l'estat continuî sense asumir realment la pluralitat lingüística— ha passat a un segon terme. Ara sembla que el gran debat sigui si el català que va fer servir és més de cap aquí o més de cap allà. Tractant-se d'algú que no el parla, el seu català va ser més que acceptable. Tan acceptable com el que feia servir Joan Carles quan venia a Catalunya i, als discursos, llegia alguns paràgrafs en català. Però així com pel català del monarca tot eren lloances —només faltaria, amb el servilisme que impera—, el català d'Aguirre l'analitzen amb lupa ¿Se sorprenen que fes servir el català de València? ... Els polítics més espavilats lloen l'elecció, però a alguns catalunyers els ha picat. Esperaven català d'aquí i els fot que hagi estat d'allà ... El gest d'Aguirre ha estat més radical del que era d'esperar. Déu n'hi do, triar, de les dues variants de la llengua, l'occidental ... Amb les dubitacions lògiques en algú que no parla una llengua, va parlar en el que els paradigmes de les flexions dialectals dels senyors Alcover i Moll denominen valencià.

En realidad las palabras de Quim Monzó llovían sobre mojado porque la polémica no era ajena a las preocupaciones lingüísticas de los círculos barceloneses. La necesidad de adecuar la lengua catalana al mundo de los medios ha originado una disputa normativa. La postura fabriana, hecha con la voluntad explícita de mantener el catalán distanciado del español, había sido aceptada sin demasiadas resistencias en Cataluña y Baleares, aunque no tanto en Valencia. Sin embargo, cuando hubo que acordar una norma para los medios de expresión oral, para la radio y la televisión, pronto se hizo patente que el catalán hablado tenía numerosos hispanismos y que era imposible erradicarlos porque la gente de la calle hablaba así; más aún: lo que había eran constantes cambios de código (lo que los sociolingüistas denominan *code-switching*), del catalán al español y viceversa. Por consiguiente, surgieron voces[32] de algunos periodistas que reclamaban una mayor flexibilidad y que fueron contestadas desde la Universidad y el Institut d'Estudis Catalans en defensa de la tradición fabriana; con el tiempo, la cuestión tomaría una dimensión política, pues dichos autores también propugnan la ideología del bilingüismo frente a la de la normalización,

---

32  Xavier Pericay i Ferran Toutain, *Verinosa llengua*, Barcelona, Empúries, 1986; Ivan Tubau, *El català que ara es parla. Llengua i periodisme a la ràdio i la televisió*, Barcelona, Empúries, 1990.

de acuerdo con su experiencia profesional de programas mediáticos en los que ambas lenguas están mezclándose continuamente. En Valencia ocurrió algo parecido, aunque aquí el fantasma del blaverismo desvirtuase los términos de la polémica: Amadeu Fabregat, que fue director de Canal Nou, era partidario de flexibilizar la norma, y Josep Lacreu, ligado al mundo universitario, de mantenerla conforme a las *Normes de Castelló*.

Sin embargo, el problema es más profundo que la simple posibilidad de flexibilizar la normativa del catalán en los medios de comunicación, algo que estos practican habitualmente de todas maneras. La cuestión estriba más bien en que, como consecuencia de su zigzagueante historia, la oposición «lengua común/lengua oficial» presenta en catalán no sólo una dimensión cronológica —donde la segunda es posterior a la primera, igual que en todas las lenguas—, sino también una dimensión territorial y social. Dicho de otra manera: el catalán oficial sólo se acepta plenamente en el Principado y aun aquí la situación de bilingüismo, en la que los hablantes trampean con la normativa del español, no deja de afectar también a la normativa del catalán. Esto sucede en todas las comunidades bilingües, pues los cambios de código llevan a los hablantes a encarar la doctrina y la práctica de una norma rigurosa de forma mucho más flexible que en las regiones monolingües[33]. La conciliación de la norma oficial del catalán con la lengua común que se habla desde Guardamar en Alicante hasta Salses en el Rosellón es un reto que tiene planteada la comunidad lingüística catalana en el siglo XXI y que, al mismo tiempo, definirá su relación con la koiné española.

El sentido común parece aconsejar que la koiné catalana siga siendo lo más flexible posible, al objeto de incorporar sin traumas todas sus variedades territoriales y sociales, al tiempo que la lengua culta, la oficial, se mantenga dentro de los más estrictos patrones puristas. Lo que ya no tengo tan claro es que las medidas que se están tomando sean las más inteligentes ni que respondan al sentido común. No resulta ajena a este problema la cuestión de la educación. Como es sabido, la progresiva implantación del catalán como lengua vehicular del sistema educativo está dejando al español en Cataluña reducido a la condición de lengua oral en las generaciones más jóvenes. Se trata de un tema polémico que suscita agrios debates y en el que no quiero entrar aquí. Intervienen en el mismo todo tipo de consideraciones emotivas que hacen muy difícil adoptar una posición imparcial. Por un lado está la cuestión legal. Puede que las medidas adoptadas por la Administración catalana sean legales y puede que no, pero, en todo caso, las leyes

---

33  Piénsese en el caso del español paraguayo tan influido por el guaraní como este lo está por el español. Para una visión de conjunto cfr. Germán de Granda, *Sociedad, historia y lengua en el Paraguay*, Bogotá, Instituto Caro y Cuervo, 1988.

no dejan de ser normas reguladoras autoconcedidas democráticamente, así que, mientras una mayoría de ciudadanos las avale en el Parlament, la tendencia exclusivista se impondrá. Por otro lado, empero, está la realidad social catalana, la cual es bilingüe catalán-español, de forma casi equilibrada y, desde luego, inmodificable: si alguien piensa que en una sociedad con un 40% largo de hispanohablantes se puede hacer retroceder la segunda lengua internacional de Occidente, está apañado. Nunca he entendido la obsesión de ciertos sociolingüistas por hacer como que el español es una más de las lenguas de inmigrantes de Cataluña, la cual dicen que desaparecerá como consecuencia de los programas de inmersión en un par de generaciones. Esta idea, que como postura ideológica se puede entender (y que no han dejado de aprovechar en Madrid para alertar sobre el «retroceso del castellano en Cataluña»), en términos pragmáticos es ilusoria, pero no porque el español sea lengua cooficial: la independencia política de Cataluña no modificaría un ápice la situación, más bien la empeoraría al convertir a los hispanohablantes en una minoría (aunque por poco) persistentemente reivindicativa de mayor autonomía nacional.

Sin embargo, este bilingüismo culturalmente asimétrico tiene consecuencias negativas para la norma del catalán como lengua común. Mientras que en la escuela sólo se forma a los estudiantes en la normativa fabriana, la lengua que les llega —en la calle, en los medios audiovisuales, en el patio de recreo— es una lengua hispano-catalana con continuos préstamos y cambios de código, en la que los usuarios acaban por no saber qué pertenece a un sistema lingüístico y qué al otro, ya que no están en situación de compararlos. El resultado es que no tienen conciencia de emplear dos sistemas lingüísticos codificados y bien diferenciados, por lo que el código único termina por ser el de los dos idiomas —tan cercanos entre sí— a la vez. Esta situación, impensable antes de la aldea global cuando cada comunidad lingüística funcionaba como un compartimento estanco y la mayoría de la población era analfabeta, se repite actualmente en otras zonas bilingües de lenguas emparentadas, por ejemplo, en Noruega, donde sólo la docencia en *nynorsk* y en *bokmaal* (la variedad próxima al danés), tras una primera escolarización en la lengua materna de cada niño, ha permitido salir de una fase de incertidumbre lingüística permanente en la que incluso se llegó a postular la fusión de las dos lenguas (*samnorsk*).

Las alergias son falsas enfermedades en el sentido de que ciertas sustancias que no resultan perjudiciales son interpretadas por el sistema inmunitario como agentes patógenos que es preciso combatir. Una persona alérgica al polen, por ejemplo, empieza a producir histaminas —las cuales bloquean sus fosas nasales y provocan estornudos, enrojecimiento de la conjuntiva y demás síntomas conocidos— nada más entrar en contacto con las plantas que lo producen o con el viento que lo arrastra. Sin embargo, el resto de la gente, que carece de esta hipersensibilidad, vive felizmente la eclosión de la primavera. Algo parecido ocurre con el contacto de lenguas. Hay personas que piensan que el bilingüismo es una desgracia contra la que sólo se puede luchar eliminando la lengua supuestamente ajena. Para ello elaboran sofisticadas técnicas —se suelen conocer por el nombre de normalización lingüística— que, como la ingesta de antihistamínicos, sólo sirven para prevenir los síntomas momentáneamente, pero que no resuelven el problema. El tratamiento correcto de las alergias no son los antihistamínicos o los corticoides, sino las vacunas. Las vacunas consisten en administrar al paciente pequeñas dosis de la sustancia que su organismo confunde con un agente pernicioso al objeto de que se vaya acostumbrando a convivir con ella. Algo parecido debería hacerse en política lingüística, aspecto que trataremos al final de esta obra. Desgraciadamente los que se ocupan de estas cosas no suelen tener mentalidad de médicos, sino más bien de predicadores visionarios.

## 14. EL GALLEGO: HISTORIA DE UNA FRUSTRACIÓN

Se suele decir, con manifiesta impropiedad, que el gallego representa frente al portugués lo mismo que el valenciano en relación con el catalán. Pero ni su historia puede parangonarse a la del valenciano ni tampoco sus propiedades formales: por eso, gallego-portugués se escribe como dos realidades separadas por un guión, mientras que catalán/valenciano representa las dos caras de una misma moneda. El gallego no surgió históricamente como una koiné de acomodación a variedades romances diferentes, a la manera del catalán de Lleida, primero, y del valenciano, después: lo está haciendo ahora o, mejor dicho, puede llegar a serlo. Entre gallego y valenciano ha habido una diferencia esencial de actitud respecto a la koiné central. El valenciano significa la acomodación del romance oriental a la koiné protectora de los vascones; una acomodación promovida a partir del siglo XIII desde Valencia, reino adversario del de Castilla, hasta que el siglo XVIII y los decretos de Nueva Planta cambiaron el signo de las cosas. Por el contrario, el gallego no se acomodó a la koiné central, fue infiltrado por el castellano de la corte desde el siglo XIII y sólo ahora se plantea la posibilidad de conceptuarlo como romance acomodaticio… respecto al portugués:

| GALLEGO | fue infiltrado por | el castellano oficial |
| VALENCIANO | se acomodó al | español general |

La diferencia entre el gallego y el valenciano se pone de manifiesto cuando se considera la variedad más «castellanizada» (como dicen los lingüistas) de cada uno. El *castrapo* es un castellano defectuoso plagado de galleguismos que solían emplear las clases populares gallegas en su intento por expresarse en la lengua oficial. Por ejemplo, la primera novela en gallego, *Majina ou a filla espúrea* de Marcial Valladares, hace hablar castellano a los señores, gallego a los labradores y castrapo a lo criados, es decir, a sirvientes que intentan aproximarse a sus amos. En este sentido, el castrapo es el equivalente del spanglish: en este se intenta hablar inglés, en aquel, castellano. En cambio, el *apitxat* no tiene nada de castellano, es un dialecto del valenciano, aunque con bastantes castellanismos o, mejor, koinetismos centrales.

En los tiempos oscuros de la Edad Media, entre el siglo VII y el siglo XII, se desarrolla en Galicia un romance autóctono a partir del latín que habían traído los romanos: el gallego. Dicho idioma lo era de toda la población, nobles y plebeyos, aunque, por supuesto, la lengua de los escritos oficiales o de la liturgia no pudiese ser otra que el latín. Sin embargo, la lengua cortesana era el gallego y continuó siéndolo cuando, a partir del rey Ordoño II (914-924), los monarcas asturianos heredaron también el reino de Galicia como entidad independiente. No es sorprendente: desde la época de Alfonso II (792-842), cuando se descubre el presunto sepulcro del apóstol Santiago en Compostela, Galicia cobra enorme importancia en la monarquía leonesa y la Reconquista, impulsada por Ramiro II y sobre todo por Alfonso III, repuebla numerosas villas de lo que luego serían Galicia y Portugal. Por eso, el gallego lo hablaba el pueblo de Galicia, pero, además de ser la lengua de la nobleza gallega, era también la del rey y la de los nobles de todo el reino de León. Tanto es así que, aún en el siglo XII, el monarca Alfonso VI, rey de Galicia, León y Castilla, recibió en Toledo la noticia de la muerte de su hijo Sancho en la batalla de Uclés (1109), según nos refiere fray Prudencio Sandoval en una crónica del siglo XVI, en estos términos:

> y en la lengua que se usaba dijo con dolor y lágrimas que quebraba el corazón: «¡Ay meu fillo! ¡Ay meu fillo! ¡Alegría do meu corazón et lume dos meus ollos, solaz da miña vellez!»

Todavía en el siglo XIII, los monarcas «castellanos» (¡y gallegos!) Fernando III y Alfonso X parecían tener el gallego como lengua familiar, según prueban las admirables Cantigas que escribió este último.

¿Cómo pudo pasarse en poco menos de un siglo a una situación sociolingüística en la que el castellano empieza a irrumpir en el dominio gallego y lo va acorralando, primero en el habla de la corte y luego en la de la iglesia? Este fenómeno se suele tildar de castellanización y ciertamente lo es, pero resultaría incomprensible sin tener en cuenta la aparición del reino independiente de Portugal. Alfonso VI de Castilla y León entregó a su hija Teresa el condado de Portugal, que se situaba entre el Miño y el Tajo, en calidad de feudo. Sin embargo, la dependencia tributaria era débil: Alfonso Enríquez, el hijo de Teresa, llevó la reconquista hasta el Guadiana y se coronó rey obteniendo el reconocimiento castellano en el tratado de Zamora (1143). Su tataranieto, el rey Don Dionís, apoyará decididamente la expansión del romance portugués en todos los ámbitos de la vida social y cultural siguiendo el modelo de su contemporáneo castellano Alfonso X el Sabio.

Esto provocó en Galicia un vacío y un debilitamiento general y acabó afectando al gallego. Portugal, que había sido simplemente el extremo meridional del territorio gallego, se convierte en un reino distinto y, a menudo, en un reino enemigo. Además, como ahora es Portugal y no Galicia quien se encuentra lindando con Al-Andalus y en disposición de continuar la Reconquista, empieza a desarrollar el romance occidental de una manera acelerada e independiente de su fuente originaria: hoy en día, el portugués de la otra ribera del Miño, el de Viana do Castelo, tan apenas se diferencia del gallego de Tui, pero el de Lisboa ha llegado a sonar de manera muy diferente. En estas condiciones, era inevitable que el gallego se castellanizase. Los monarcas empiezan a dirigirse en castellano a los compostelanos: Fernando III lo hace ya en 1250 y su hijo, Alfonso X, pese a escribir las Cantigas en gallego, nunca se dirigió a ellos en otra lengua que la castellana. Poco después, una desdichada elección de la nobleza gallega, la cual opta por el derrotado Pedro I en la disputa dinástica que lo enfrentaba con Enrique de Trastámara, trae a Galicia nobles y alto clero castellanos, los cuales se instalan en el territorio rebelde e imponen su idioma. Para mayor abundamiento, la nobleza gallega vuelve a equivocarse en el siglo XV cuando decide seguir la causa de la Beltraneja frente a la de la que sería Isabel la Católica. El resultado es que el castellano se convierte en la lengua cortesana y de los eclesiásticos gallegos justo en el momento en el que el portugués inicia una impresionante expansión ultramarina que lo llevará al Brasil, a África y a Asia. Paralelamente, la castellanización política avanza —las fortalezas feudales son derribadas y los ejércitos nobiliarios sustituidos por la Santa Hermandad—, aparece la judicial —la nueva Audiencia de Galicia se hace depender de Valladolid— y acaba imponiéndose la lingüística —desde 1480 los escribanos públicos gallegos pasarán a ser examinados por el Real Consejo de Toledo cambiando la lengua de sus formularios—. Para colmo, Portugal no sólo no ayuda, sino que considera al gallego y a los gallegos como representantes de lo rústico, abriendo así un hiato insalvable entre gallego y portugués hasta hoy mismo, según advierte la gran erudita portuguesa Carolina Michaëlis:

> Passou a ser figura comica de theatro em Hespanha e Portugal ... Tosco, lorpa, boçal, bronco, excitou em farças, autos e comedias a hilaridade de gerações com as parovices e grossarias que dizia e practicava. Em contos, coplas, dictados, proverbios, ambos os paises chasqueavam a compita da rudeza, ingenuidade e villania do gallego.[34]

---

34   Carolina Michaëlis de Vasconcelos, «A Galliza, centro de cultura peninsular de 800 a 1135», en *Cancioneiro de Ajuda*, edición crítica de Carolina Michaëlis de Vasconcelos, Halle, Max Niemeyer, vol. II, 1904, 785-786.

Por eso no se puede comparar el caso del gallego con el del valenciano. Este representa la fachada meridional del romance oriental (es una especie de portugués del este), que se mantuvo en una situación de bilingüismo pasivo (sesquilingüismo, es el término técnico) respecto a la koiné central hasta el siglo XVI, aunque desde dicha fecha, y sobre todo desde el XVIII, no dejase de sufrir la impregnación del castellano oficial. El gallego es el origen del romance occidental (viene a ser una especie de catalán del oeste) y sufrió casi desde el principio un proceso de invasión oficial del castellano, sin que el pueblo tuviese prácticamente contacto con el español hasta época reciente. Lo que ha ocurrido con el gallego se parece a lo que pasa cuando, tras extraer el aire de una perilla de goma, introducimos la cánula en el agua: al hacerse el vacío, la perilla necesita llenarse y succiona el agua. El gallego perdió toda posibilidad de representar un papel en la reconquista como consecuencia de la independencia de Portugal y su suerte fue la de tantas otras variedades románicas europeas avasalladas por la lengua oficial: como la del picardo, invadido por el francés, o como la del véneto, invadido por el italiano.

# 15. PARA ENTENDER EL PORTUGUÉS: UNA PERSPECTIVA PENINSULAR DIFERENTE

Tras lo que llevamos dicho sobre el gallego, al lector le puede resultar difícil concebir un capítulo independiente sobre el portugués. No es que sus respectivos rasgos lingüísticos coincidan por completo, pero sí lo hacen en un porcentaje bastante elevado, de manera que podría pensarse que la decisión de tratar el gallego, por un lado, y el portugués, por otro, obedece más bien a razones políticas y administrativas, a que Galicia forma parte del Estado español y Portugal es un estado independiente. Esto, obviamente, es así, pero no constituye una explicación satisfactoria. Si se hubiese dado una adscripción administrativa bifurcada parecida en el caso de Cataluña y en el de la Comunidad Valenciana, no por ello podríamos hablar de dos idiomas distintos ni mucho menos. Lo que queremos poner de manifiesto en el caso del gallego y del portugués es que se trata de dos idiomas diferentes fundamentalmente porque su historia respectiva lo ha sido también; y no nos referimos a los rasgos más superficiales de la historia, sino al sentido profundo de la misma. Para resumirlo en pocas palabras diríamos que el catalán/valenciano, el vasco, el español y el gallego son todos ellos idiomas concebidos en el norte, con una *lógica septentrional*, mientras que el portugués fue la única lengua de la Península Ibérica que se constituye mucho más al sur y que presenta en su expansión y en sus características una *lógica meridional*. Y es que, pese a la cercanía filológica del portugués y del español, y a que en Portugal el bilingüismo fue mucho más antiguo que en Cataluña, por ejemplo, el país y su lengua surgieron con una orientación ideológica diferente a la de todos los demás pueblos peninsulares.

Vistas las cosas con la perspectiva del siglo XXI, es cierto que la evolución del portugués lo ha convertido en una lengua románica de difícil comprensión desde cualquier otra que no sea el gallego y que, en ausencia de espacios plurilingües como los existentes en otros territorios peninsulares, dicha distancia parece la explicación más obvia del sentimiento de extrañamiento respecto de

los demás romances hispanos. Sin embargo, no siempre fue así. Hemos aludi-
do arriba a la *Gramática de la lengua vulgar de España*, en la que no se hace
tan apenas diferencia entre el español y el portugués y se los trata como dialectos de un mismo idioma. Esto, aun en el siglo XVI, era, sin duda, una exagera-
ción. Pero lo que no se puede negar es que desde mediados del siglo XV hasta
fines del XVII el español fue la segunda lengua de todos los portugueses cultos,
panorama que no se daría en los actuales territorios bilingües de España hasta
más tarde, desde el XVII, y en algunos desde el XIX. Todos los clásicos de la literatura portuguesa escribieron también en español, Luis de Camões, Gil Vicente,
Sá de Miranda, Francisco Manuel de Melo, cosa que no puede decirse de Ausiàs
March o de Joanot Martorell. Algunos escritores portugueses, como Jorge de
Montemayor, hispanizaron su nombre y abandonaron por completo el portugués, sin que ello les fuera recriminado como una traición por sus contemporá-
neos. Viene a ser la actitud del polaco Conrad o la del ruso Nabokov, que eli-
gieron el inglés como lengua literaria, la del checo Kafka, que optó por el
alemán, o la del cubano Heredia, enamorado del francés. Es más, curiosamen-
te, los inicios del bilingüismo hispano-luso coinciden con la impresionante
expansión ultramarina de Portugal. En 1488, Bartolomeu Dias llega al cabo de
Boa Esperança, en 1498, Vasco de Gama arriba a la India, en 1500, Pedro Álva-
res Cabral descubre el Brasil. Nada de todo esto, que enfrenta a España y a
Portugal como potencias imperiales empeñadas en una loca carrera por el dominio del mundo, parece afectar a la vitalidad del bilingüismo cultural portugués.

Conviene alertar aquí sobre la fácil ecuación cognitiva que tiende a igualar la
lengua con la nación. Es verdad que la posesión de una lengua diferente suele
constituir uno de los ingredientes más obvios de la nacionalidad. Pero ni siempre tiene por qué ser así ni, sobre todo, existe una relación de proporcionali-
dad entre la diferencia lingüística y la divergencia nacional[35]. Si la hubiera,
Portugal no se habría distanciado de Galicia hasta el siglo XV o se hubiera
acercado a España en el XVI. Se ha especulado mucho sobre las causas de la
nacionalidad portuguesa. Hay quienes la atribuyen a la mera aleatoriedad histórica de las alianzas dinásticas: si la casa de Borgoña no se hubiese entroni-
zado en Portugal en el siglo XII, de la mano de Enrique de Lorena, el marido
de Teresa, la hija bastarda de Alfonso VI, nunca se hubiera concebido Portugal
como un reino deseoso de liberarse de la tutela castellana, argumentan unos.
Otros, en cambio, buscan el origen en bases étnicas mucho más antiguas, en el
pueblo lusitano, tan diferente del gallego y del castellano, que llevó a los romanos a separar la Lusitania de la Gallaecia y a integrar esta, junto con Castilla,

---

35  Para esto véase el documentado trabajo de Xavier Zabaltza, *Una historia de las lenguas y
    los nacionalismos*, Barcelona, Gedisa, 2006.

en la Tarraconense: es la postura tradicional que glorifica a Viriato desde la obra *De antiquitatibus Lusitaniae* de André de Resende. O la hipótesis socioeconómica que ve en la posición geográfica de Portugal, volcado hacia el Atlántico, el embrión de un desligamiento de las corrientes continentales europeas y una incitación a buscarse la vida en el mar, de forma parecida a lo que ocurrió en Gran Bretaña. ¿Quién sabe? Lo cierto es que Portugal se asienta sobre un idioma, el portugués, que, nacido del gallego, ha llegado a diferenciarse del mismo; no es sorprendente que, dada la notable coincidencia que existe entre el territorio de Portugal y el de la lengua portuguesa, tampoco falten los partidarios de reivindicar la ecuación mencionada arriba.

Desde luego, lo normal es que la lengua no coincida con el territorio: no lo hace en el caso del catalán ni en el del español ni en el del vasco (tampoco en el del francés, italiano, holandés, rumano, búlgaro...), aunque casi se puede decir que hay coincidencia en el caso del gallego. En Europa una situación de identificación tan estrecha entre lengua y nación sólo se da en Islandia y en Malta... Pero estamos hablando de islas, así que sigue sin resultar evidente la razón de la singularidad portuguesa. ¿En qué sentido podemos decir, pues, que Portugal constituye una excepción en el panorama de la Península Ibérica? Por lo siguiente: porque, mientras todas las demás culturas ibéricas se legitimaron como culturas de resistencia y luego de agresión respecto del sur islamizado, sólo la cultura portuguesa se constituye en el sur y, además, sin rechazar la base poblacional mozárabe. Portugal pudo ser la Galiza nova, como Valencia y Baleares fueron un día la Catalunya nova y Andalucía fue la Castilla nueva. No ocurrió así. Portugal nace explícitamente como una negación de las dependencias feudales tradicionales que la ligaban a la nobleza gallega dentro del reino de León, y ello desde el principio. Es verdad que algo parecido podría decirse del reino de Valencia o de Andalucía, los cuales tuvieron su época de esplendor en los siglos XV y XVI respectivamente, pero no hay comparación con el caso portugués. Portugal fue el único reino peninsular que ni aisló ni expulsó a los mozárabes, el único que hereda plenamente la tradición cultural y la base étnica de Al-Andalus, el único que, pese a arrebatarles la tierra, no se hizo contra la población musulmana que había sometido por las armas. Lisboa es conquistada en 1147, Valencia (1238) y Sevilla (1248), un siglo más tarde, pues aunque Córdoba y Almería habían caído en manos cristianas en el siglo XII, luego fueron perdidas o abandonadas. Esta diferencia temporal fue decisiva: la capital de los mozárabes del Tejo se incorporó al reino cristiano todavía en pleno auge cultural de Al-Andalus, antes de que la derrota de las Navas de Tolosa (1212) diera al traste con una forma flexible de entender la implantación en otros territorios; Portugal heredaría este tipo de visión del mundo en la que predomina, salvo en lo relativo a la religión, la asimilación a las culturas conquistadas sobre su subyugamiento.

Lo anterior explica la mencionada rareza fundacional de Portugal, que los historiadores no siempre aciertan a comprender. Acostumbrados a vincular la lengua con la nación se asombran de que, siendo en lo antiguo el portugués tan parecido al español y no digamos al gallego, Portugal se haya separado de Galicia en el siglo XII y no haya formado parte de España salvo en un breve periodo (1580-1640). Lo que ocurre es que lo que pudiéramos llamar la *ideología lingüística de la Reconquista*, que es antigua, aunque no se haya proclamado hasta el Romanticismo, era propia del norte, pero no del sur. Las gentes de Al-Andalus no podía valorar simbólicamente su lengua materna porque para un musulmán la única lengua que merece la pena es la del Corán, considerada la lengua de Dios. Naturalmente los mozárabes de las nuevas urbes cristianas de Coimbra (1064), Lisboa (1147), Évora (1165) o Faro (1249), ciudades conquistadas por la corona portuguesa, tuvieron que renunciar al Islam y al árabe, pero su ideología lingüística, algo mucho más sutil, pervivió incólume.

Por lo demás, esta meridionalidad constitutiva de Portugal es muy antigua. Cuando se examina el mapa de la Hispania romana llama la atención que, entre el año 7 y el año 2 antes de J. C, la parte septentrional de Lusitania, situada al norte del Duero, fuera agregada a la Tarraconense, antigua Hispania Citerior, que era un territorio que, incluso sin este añadido, superaba ampliamente en extensión a la Hispania Ulterior (dividida en el año 127 a. J. C. en Bética y Lusitania, separadas por el Guadiana). Desconocemos las razones que llevaron a Augusto a tomar esta decisión tan singular, pero no podemos dejar de pensar que las inclinaciones de los habitantes tuvieron algo que ver en ello. Otro indicio de meridionalidad constitutiva es la rapidez con la que los portugueses establecieron su capital, que estaba en Guimarães, más al sur, primero en Coimbra y luego en Lisboa; desde luego, nada parecido ocurrió en Cataluña o en Navarra, y en Castilla, todavía en el siglo XVI se dudaba entre Madrid y Valladolid, sin que la corte fuese establecida nunca en Sevilla, como parecía lógico. Esta meridionalidad se ha traducido lingüísticamente en la notable paradoja de que el portugués del norte del Duero sigue siendo muy parecido al gallego, mientras que el del sur resulta incomprensible para el oído español y a veces para el propio oído gallego. Son conocidas las fuertes resistencias que provocó el intento de trasladar el prototipo de la normativa catalana de Barcelona a Valencia en el siglo XV (es lo que se llamó *valenciana prosa*) o el de la normativa castellana de Burgos a Toledo. En el País Vasco, por su parte, siguieron predominando los modelos del norte del Pirineo, el labortano y el suletino, sobre las variedades mayoritarias del sur prácticamente hasta fines del XIX. Nada de esto sucedió en Portugal. Las hablas del norte del Duero, tan parecidas al gallego y donde se asentó la primitiva capital de los portugueses, se considerarán arcaicas y provincianas, mientras que el castellano de la Montaña santanderina y el catalán del Empordà pasan por representar el Ghota de sus respectivos idiomas hasta hoy. La singularidad del caso portugués se pone de manifiesto en las siguientes palabras de la conocida historia de la lengua de Teyssier[36]:

> Por volta de 1350, no momento em que se extingue a escola literária galego-portuguesa, as consequências do deslocamento para o Sul do centro de gravidade do reino independiente de Portugal vêm à tona (*afloran a la superficie*). O português, já separado do galego por uma fronteira política, torna-se a língua de um país cuja capital —ou seja, a cidade onde geralmente reside o rei— é Lisboa. Embora o rei e a corte se desloquem frequentemente, a sua «área de percurso» situa-se agora num território delimitado por Coimbra ao norte e Évora ao sul. É nesta parte do reino que estão implantadas as instituições que desempenham papel cultural mais importante, tais como os mosteiros de Alcobaça e o de Santa Cruz de Coimbra e a Universidade, que, fundada em Lisboa em 1288 ou 1290, depois transferida para Coimbra e, em outras ocasiões. novamente para Lisboa, foi, por fim, definitivamente instalada em Coimbra em 1537. Residência privilegiada do rei, Lisboa é também a cidade mais povoada e o primeiro porto do País. E o eixo Lisboa-Coimbra passa a formar desde então o centro do dominio da língua portuguesa. É, pois, a partir dessa região, antes moçárabe, que o português moderno vai constituir-se, longe da Galiza e das províncias setentrionais em que deitava raízes. É daí que partirão as inovações destinadas a permanecer, é aí onde se situará a norma.

Mientras tanto, la norma meridional del español, la que propaga el seseo, el yeísmo y la igualación de la 2ª y 3ª persona del plural de los verbos, sigue pugnando por rebasar el paralelo de Madrid, en tanto que la norma meridional del catalán se estrella inútilmente ante la fortaleza de la *e* neutra.

Esta meridionalidad fundacional del portugués ha determinado su forma de expansión. Los portugueses propagaron su lengua a la manera de los griegos o de los fenicios, en calidad de lengua franca o de *koiné,* nunca como los vikingos, a pesar de que su mar era el Atlántico y no el Mediterráneo. El portugués es la primera lengua peninsular que salta decididamente fuera de la Península Ibérica siguiendo rutas comerciales, no rutas de propagación del cristianismo como lo fueron las del Tirreno y las del Egeo para el catalán, en la época de las Cruzadas, y las de América para el español. El portugués se instala en factorías comerciales de la costa occidental africana (en Ceuta desde 1415, luego, a lo largo del golfo de Guinea); más tarde de la India, de China y de Malasia. Su lógica no es una lógica religiosa, es una lógica comercial, la misma de los mer-

---

36   Paul Teyssier, *História da Língua Portuguesa*, Lisboa, Livraria Sá da Costa, 1994, 35.

caderes árabes que por aquel tiempo estaban fundando ciudades-mercado en el África oriental. Más tarde, con los mercaderes portugueses vendrán los misioneros y disputarán el terreno al Islam de los árabes. Cuando los españoles hagan lo propio en Filipinas, ambas acometidas ibéricas se superpondrán creando la imagen de un empeño común. Pero nada más falso. Lo de los españoles fue una continuación de la Reconquista. Lo de los portugueses, que acabaron la suya muy pronto y que, además, absorbieron a todos los conquistados, fue la continuación de la lógica vital de estos mozárabes convertidos más o menos interesadamente a la religión de los cristianos.

# 16. GALLEGO-PORTUGUÉS: MÁS FUTURO QUE PASADO

¿Son el gallego y el portugués dos lenguas diferentes? He aquí una pregunta incómoda que los filólogos no se atreven a contestar. Desde luego, ambos idiomas tienen el mismo origen, el portugués viene del gallego. Pero esto no responde a la pregunta, pues también el italiano viene del latín y no se trata de lo mismo. Por eso escribimos gallego-portugués: podemos considerarlas como dos modalidades idiomáticas similares con historias independientes. Dejémoslo así.

Más interesante es plantear la cuestión del portugués en toda su crudeza. Vimos que a comienzos del siglo XVI el español y el portugués no se consideraban todavía demasiado separados el uno del otro. Sin embargo, es de destacar que en el Renacimiento, mientras el español, como otros idiomas románicos, se valora por su cercanía al latín, el portugués se alaba ya como una lengua de nuevo cuño. Así, Fernão de Oliveira, el autor de la primera gramática portuguesa (1536)[37], escribe:

> O estado da fortuna pode conceder ou tirar favor aos estudos liberais e esses estudos fazem mais durar a glória da terra em que florescem. porque Grécia e Roma só por isto ainda vivem, porque quando senhoreavam o mundo mandaram a todas as gentes a eles sujeitas aprender suas línguas e em elas escreviam muitas boas doutrinas, e não somente o que entendiam escreviam nelas, mas tambem trasladavam para elas todo o bom que liam em outras. E desta feição nos obrigaram a que ainda agora trabalhemos en aprender e apurar o seu, esquecendo-nos do nosso. Não façamos assim, mas tornemos sobre nós agora que é tempo e somos senhores, porque melhor é que ensinemos a Guiné que sejamos ensinados de Roma, ainda que ela agora tivera toda sua valia e preço.

---

37    Maria Leonor Carvalhão Buescu (ed.), *A Gramática da linguagem portuguesa de Fernão de Oliveira*, Lisboa, Imprensa Nacional, 1975, 42.

Es difícil encontrar un planteamiento semejante en otros países europeos durante este siglo humanista de admiración sin límites por las lenguas clásicas. Portugal nació como un reino escindido de Castilla y León, pero su lengua se nos presenta también como huyendo de la cercanía con el español[38]. Esta actitud distanciadora y un tanto fundacional propicia que dos siglos más tarde las diferencias entre portugués y español parezcan ya insalvables. Tal vez por eso al fraile Viterbo no se le ocurrió mejor idea, en su *Elucidário* del siglo XVIII, para explicar la distancia entre ambos idiomas que atribuirla a la pronunciación afrancesada del Conde D. Henrique (!). Por su parte, fray João de Sousa todavía llega a ser más disparatado en sus *Vestígios da Língua Arábica em Portugal* de 1830, cuando supone que el portugués es el resultado de la corrupción del antiguo español por los árabes. Y aunque estas explicaciones resultan pintorescas, el fondo del asunto es radicalmente cierto: como consecuencia de evoluciones fonéticas conducentes a una fuerte nasalización de la expresión, el portugués peninsular resulta incomprensible para un hispanohablante, desde luego mucho más que el italiano o que el gallego.

Sin embargo, estos testimonios —que reflejan la perplejidad ante un estado de cosas que no se comprende— nunca se han podido hacer extensivos a los contactos del español con el portugués fuera de la península. Es cosa sabida que en Brasil ha habido un acercamiento de ambos idiomas, hasta el punto de que en la frontera con Uruguay se han desarrollado modalidades de transición[39] que se conocen con el nombre de *portuñol*. La pregunta es por qué no ha ocurrido nada semejante en la raya fronteriza europea, por ejemplo, entre el habla de Badajoz y la de Elvas. Todos los docentes brasileños señalan que el español no acaba de sentirse un idioma extraño en Brasil y que su reciente introducción como segunda lengua extranjera obligatoria en la enseñanza secundaria se ve grandemente facilitada por esta circunstancia. Algo parecido ocurre en África: en Angola, los cubanos que participaron en misiones militares y educativas durante los últimos años solían hablar directamente en español y hasta impartían las clases en esta lengua sin que los alumnos extrañasen el vehículo. En ambos casos la razón fue la misma, aunque en África el proceso sólo sea incipiente. El portugués de Brasil es el resultado de la nivelación lingüística a que llegaron una serie de criollos hablados por indios, negros y mestizos que intentaban aproximarse al idioma de los blancos y que convirtieron el brasileño en una verdadera koiné:

---

38 Distanciada de la lengua española, no de España. Por eso la Gramática comienza así: «A antiga nobreza e saber de nossa gente e terra da Espanha, cuja sempre melhor parte foi Portugal...»

39 Véase Adolfo Elizaincín, *Dialectos en contacto: español y portugués en España y América*, Montevideo, Arca, 1992.

nada tiene de extraño que esta koiné, surgida del portugués arcaico (es decir, en el fondo, del gallego) se sienta próxima al español, la koiné desarrollada en la Península Ibérica durante la Edad Media.

Entre las características que el gallego comparte con el brasileño popular y que lo enfrentan al portugués normativo de Lisboa se cuentan el yeísmo (*fillo-filho* como *fiyo*), el mantenimiento del timbre de las vocales átonas y ciertas voces arcaicas. Otras propiedades acercan el gallego al español, especialmente la falta de sibilantes sonoras (que parece antigua, anterior al siglo XIII, y no puede atribuirse a castellanismo) y la carencia de vocales o diptongos nasales, así como la ausencia de la v labiodental. En cualquier caso, lo que presta un enorme interés sociolingüístico al gallego no es su posición respecto del dialecto brasileño dentro del diasistema galaicoportugués, sino el hecho de que representa una posibilidad de acercamiento entre español y portugués similar al que se está dando en Brasil.

En Brasil, un país nuevo y poco constreñido por la historia, la conveniencia de acercar los dos romances ibéricos hasta lograr su comprensibilidad mutua se ha planteado como una obviedad. No se puede competir en los mercados internacionales ni se puede hacer frente al gigante del norte con tan sólo unos ciento cincuenta millones de consumidores; es mejor —piensan en Brasil y en los países hispanos del Cono Sur— ofrecer un frente compartido de quinientos millones de personas que se pueden entender más o menos con algunas dificultades. Pero este tipo de razonamiento también se puede hacer extensivo a la Península Ibérica y, alguna vez, cristalizará en una política lingüística coherente. Es verdad que la historia amordaza los mejores deseos y que Portugal y España siempre se han mirado con recelo, pese a la labor benemérita de algunos intelectuales de ambos lados de la frontera que han venido clamando por un acercamiento. Sin embargo, los viejos agravios históricos suenan hoy ridículos, en plena hora de la aldea global, cuando ambos países son miembros de la UE y constituyen a efectos económicos un mismo espacio unificado. Los mercaderes han logrado lo que los políticos no consiguieron llevar a cabo: tal vez sea el signo de los tiempos. En cualquier caso ello presta una notable potencialidad a la lengua gallega. Resulta imposible para un hispanohablante comprender el portugués peninsular sin estudio previo (aunque no tanto el brasileño), pero le resulta mucho más fácil cuando en lo que se le habla es en gallego. Y a la inversa, los portugueses no suelen entender el español, a no ser que se *galleguice*.

# 17. UN ESPACIO PLURILINGÜE CON MEDIADORES

La historia lingüística de la Península Ibérica no puede dejar satisfecho a casi nadie porque se ha saldado con un sinfín de frustraciones. Por un lado están los idiomas que perdieron hablantes y territorio, como el vasco. Por otro, los que sufrieron injerencias lingüísticas de la lengua dominante, como el catalán/valenciano y el gallego. Finalmente, los que, gracias a su expansión extrapeninsular, tuvieron mejor suerte, como el español y el portugués, a pesar de lo cual sienten como una herida abierta la separación del gallego, en el primer caso, y la difícil convivencia con aquellos en los territorios bilingües, en el segundo. A su manera todos tienen razón en quejarse, unos más que otros. Pero, aún así, la Península Ibérica los ha tratado mejor que en otras partes de Europa. En la época de los romanos, el vasco se extendía a partes iguales por ambos lados del Pirineo y, según testimonian las inscripciones aquitanas, llegaba en Francia hasta Burdeos e incluso hasta Angulema; hoy los dialectos vascofranceses son hablas sin normalizar, recluidas junto a la frontera, sin medios de comunicación ni usos escolares o administrativos. Algo parecido ocurre con el catalán, un idioma que no sólo se habló en Perpinyà, sino también en Carcasona o en Narbona: hoy el rosellonés penetra unos pocos kilómetros al norte del Pirineo y lo hace en situación precaria, sin apenas apoyo institucional:

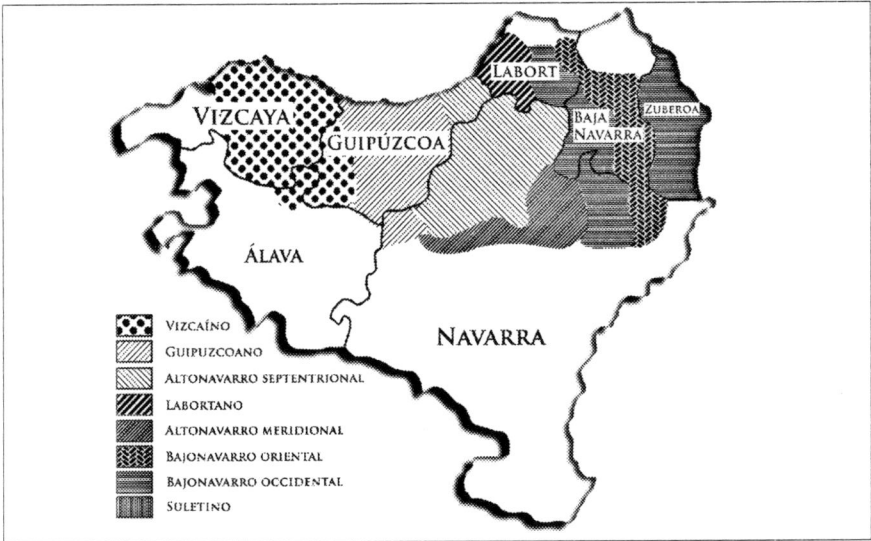

VIZCAYA
GUIPÚZCOA
LABORT
BAJA NAVARRA
ZUBEROA
ÁLAVA
NAVARRA

VIZCAÍNO
GUIPUZCOANO
ALTONAVARRO SEPTENTRIONAL
LABORTANO
ALTONAVARRO MERIDIONAL
BAJONAVARRO ORIENTAL
BAJONAVARRO OCCIDENTAL
SULETINO

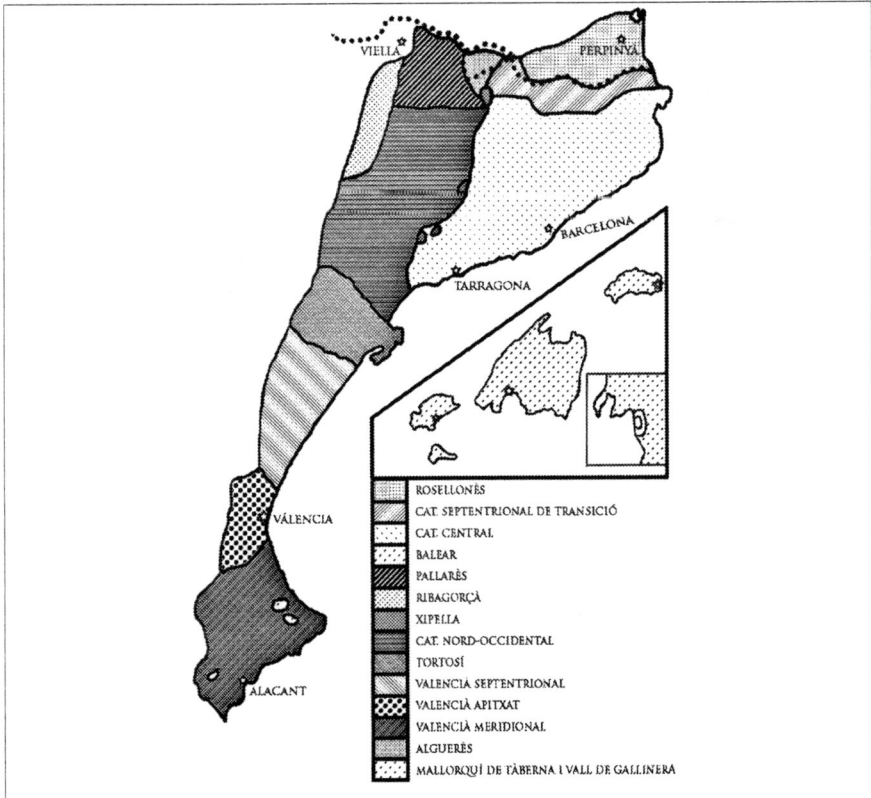

VIELLA
PERPINYÀ
BARCELONA
TARRAGONA
VÁLENCIA
ALACANT

ROSELLONÈS
CAT. SEPTENTRIONAL DE TRANSICIÓ
CAT. CENTRAL
BALEAR
PALLARÈS
RIBAGORÇÀ
XIPELLA
CAT. NORD-OCCIDENTAL
TORTOSÍ
VALENCIÀ SEPTENTRIONAL
VALENCIÀ APITXAT
VALENCIÀ MERIDIONAL
ALGUERÈS
MALLORQUÍ DE TÀBERNA I VALL DE GALLINERA

En cuanto al gallego, que ha retrocedido algo desde la Edad Media perdiendo parte de sus espacios asturianos, ya quisieran disfrutar de su grado de desvalimiento otros romances que no tienen un estado que los avale; el provenzal, prácticamente muerto, pese a su importancia histórica y a su resurgir romántico; el ladino de Suiza, una mera reliquia; el napolitano o el calabrés, cada vez más ruralizados y sin reconocimiento oficial.

A veces lo mejor es enemigo de lo bueno y la situación ideal no deja de ser una utopía irrealizable. Es cierto que, en estricta justicia, las cuatro lenguas de España deberían ser iguales ante la ley. Sin embargo, aunque lo proclame el legislador, a la hora de la verdad lo que cuenta son las actitudes de los ciudadanos. No resulta tranquilizadora la evidencia de que en ningún país plurilingüe se haya alcanzado jamás dicha situación de equilibrio. En los casos más favorables, como en Canadá, existe igualdad jurídica, pero desigualdad empírica, pues los francófonos que conviven en Québec con el inglés (al igual que en tantas otras partes del mundo) lo tienen difícil si quieren que en Toronto les entiendan en francés. En los casos menos favorecidos, que son la mayoría, lo que suele ocurrir es que las lenguas minoritarias tienen un ámbito de actuación más restringido, una implantación educativa deficiente y una valoración social más baja. Así en Rusia, en la India, en Nigeria, en China, en Francia o en Marruecos, lugares donde el ruso, el hindi, el yoruba, el chino mandarín, el francés o el árabe gozan de un estatuto más alto que el mordvo, el malayalam, el ibo, el chino cantonés, el bretón o el bereber respectivamente.

En España hemos pasado en muy poco tiempo de una situación de precariedad e injusticia para las minorías, que recuerda a la de estos últimos países, hasta un panorama de tipo canadiense o suizo. La aprobación de los estatutos de autonomía de las comunidades bilingües ha supuesto la igualación legal de sus lenguas propias con el español en sus respectivos ámbitos territoriales, aunque esto no haya conllevado automáticamente la igualdad de funciones entre ellas. Más bien lo que ha sucedido es que, conforme crece la estimación por la lengua propia, va disminuyendo su empleo real, según ponen de manifiesta estas palabras del escritor Camilo Franco en un artículo de 10-11-2003 en la *Voz de Galicia*:

Hai contos reveladores: unha avoa e o seu neto intercambian palabras. Ela di: «Non sei para que estudias galego, se non serve para nada». El contesta: «Pero abuela, si el gallego es un idioma muy bonito». O galego vive no comezo do século XXI instalado no grandísimo paradoxo de ter acadado prestixio social como lingua e, sen embargo, perder falantes.

No es una contradicción. La valoración positiva resulta de la creciente presencia de la lengua propia en la administración, en la escuela, en el discurso oficial y en los medios de comunicación controlados por el gobierno autónomo. Sin embargo, el momento histórico en el que todo esto se ha producido resulta poco favorable para las lenguas minoritarias porque la globalización impone las grandes lenguas mundiales en los medios y en la publicidad por la misma razón que impone soluciones monopolísticas en todo lo demás. Si el español no fuese una de estas lenguas —la segunda de Occidente— tal vez no pasaría lo que está pasando y es que los hablantes de catalán/valenciano, de gallego y de vasco sienten como si su lengua, al fin considerada un instrumento de comunicación serio, no llega a resultarles todo lo útil que debiera porque les resulta imposible vivir sin salir de ella.

Los primeros que tuvieron esta sensación fueron los vascones durante la alta Edad Media y reaccionaron creando un romance protector que con el tiempo se convertiría en el español. En cierto sentido se puede decir que la situación no ha cambiado y que aun hoy, el español, si bien no es la lengua propia de los vascos, tampoco es para ellos un idioma cualquiera ni un simple instrumento de comunicación en el que se mueven a cuenta de la pertenencia de Euskadi al Estado español. En cambio, todos los demás bilingües, los cuales hablan lenguas propias de origen románico, pueden pensar que el esfuerzo que han hecho para facilitar la intercomprensión peninsular no se ha visto correspondido, que ellos, gallegos, catalanes, valencianos o baleares, aprendieron español, pero los hispanohablantes no obraron de forma recíproca. Tendrían razón porque el español, al fin y al cabo, no es un producto suyo, como en el caso de los vascos, simplemente estaba ahí.

¿Cómo equilibrar la balanza? Idealmente, declarando oficiales las cuatro lenguas peninsulares en el conjunto de España[40]. Pero esto no resuelve el problema. Cualquiera con un poco de sentido común se da cuenta de que los planes de estudio de la enseñanza obligatoria no pueden aumentarse con la docencia de tres idiomas más, y menos en un país cuyo principal problema de comunicación es el escaso nivel de inglés de los estudiantes y el hecho de que, en la mayoría de las comunidades autónomas, los estudiantes no aprenden ninguna otra lengua extranjera. Las medidas educativas destinadas a perdurar son las que manejan expectativas viables, no las que se solazan en horizontes inalcanzables. Además —y me parece importante destacarlo para conjurar de una vez las utopías lingüísticas—, el hecho de que un Estado sea plurilingüe no autori-

---

40 Así lo propone, por ejemplo, Rafael Lluis Ninyoles, *Cuatro idiomas para un estado (el castellano y los conflictos lingüísticos en la España periférica)*, Madrid, Cambio 16, 1977.

za *eo ipso* a convertir indiscriminadamente todas sus lenguas en oficiales. Lo que suele suceder en los grandes estados democráticos del mundo es más bien lo contrario. En el mundo[41] hay 191 estados con una media de 35 (!) lenguas por estado. En Europa la media es de 4,6 idiomas por país, en América de 21,7, en África de 35,9, en Asia de 47,1 y en Oceanía de 48,2. La situación española es, pues, típicamente europea, existen cuatro lenguas en el país. Sin embargo, los estados con cuatro lenguas oficiales son rarísimos —sí, ya lo sabemos, está Suiza—, y los estados con una veintena (la India, con 13, sólo hasta cierto punto, ya que muchas no son oficiales fuera de su territorio), una treintena o una cuarentena son un caso puramente teórico. ¿Por qué habría de ser España un estado plurilingüe si ni Francia (la Académie Française acaba de rechazar la concesión de atribuciones legales a las lenguas regionales) ni Italia ni Alemania ni prácticamente Gran Bretaña son estados legalmente plurilingües? Ello sin citar el caso de Brasil o de los EEUU, donde se hablan casi doscientas lenguas y el monolingüismo es casi absoluto, o el de Rusia, algo más flexible con su treintena de idiomas, pero tampoco demasiado.

En realidad, lo que sucede en cada país es simplemente una muestra de lo que está sucediendo en la Unión Europea, de la que España forma parte. Europa es un supraestado plurilingüístico y plurinacional en el que todas las naciones son formalmente iguales, pero en el que sus idiomas no lo son. Realmente no podrían serlo, es imposible manejar un Estado con una veintena de lenguas que todos tengan el derecho de usar y que todos comprendan en cualquier reunión o documento escrito. Resulta bonito imaginar una sesión del Parlamento europeo de Estrasburgo o una de las múltiples comisiones que se reúnen en Bruselas en las que una persona hablase en finés, otra le contestase en checo, una tercera interviniese en griego y así sucesivamente. Todos sabemos que esto ni es ni será nunca así. A la hora de la verdad, las lenguas oficiales de los estados ceden ante dos o tres lenguas de trabajo, básicamente el inglés, el alemán y el francés. Incluso se da la paradoja de que las dos lenguas internacionales de la Península Ibérica, el español y el portugués, están claramente minusvaloradas en la UE en contraste con muchos otros organismos internacionales, como la ONU o la UNESCO, que las consideran oficiales.

Sin embargo, a la pregunta de por qué debería ser España un Estado plurilingüe, contesto que sí, que debería serlo, pero no porque se hablen cuatro lenguas en su territorio —de hecho se hablan bastantes más—, sino porque existen en el mismo cuatro lenguas del país, nuestros conocidos actores el español, el cata-

---

41   Tomo los datos de Raymond Gordon Jr. (ed.), *Ethnologue: Languages of the World*, Dallas, SIL, 15[éd.], 2005.

lán/valenciano, el gallego y el vasco. Y esto ya no ocurre en los países europeos, ni siquiera en Suiza. En Francia, donde también se habla catalán y vasco (junto con el bretón, el alsaciano, el corso, etc.), estos idiomas no formaron el país, no extendieron ni extienden su influencia a través del mismo y, por lo tanto, no son lenguas del país, sino lenguas regionales. En Italia, donde se habla veneciano, napolitano, siciliano, sardo (que son tan lenguas como el toscano), tampoco se las puede considerar como idiomas constituyentes de la nacionalidad italiana. En España lo que sucede es que hay bastantes lenguas *en el país*, pero sólo cuatro son, además, lenguas *del país*.

# 18. ¿HA EXISTIDO UNA POLÍTICA LINGÜÍSTICA EN EL ESTADO ESPAÑOL?

La pregunta de arriba parece una broma o una provocación, en vista de todo lo que llevamos dicho. Y sin embargo la respuesta es: no, nunca la ha habido. Porque lo que ha habido son políticas lingüísticas por parte de las comunidades autónomas bilingües, pero no medidas legales propiciadas por el Estado y encaminadas a hacerse cargo de la pluralidad lingüística del territorio español. Si acaso, ha habido políticas encaminadas a implantar el monolingüismo, bastante ineficaces por lo demás. Se me dirá que esto se refiere al pasado y que el panorama actual es bien diferente. Cierto. Mas ello no supone que la situación actual sea el resultado de una política lingüística estatal favorecedora del plurilingüismo, sino de la acción legislativa de las propias comunidades autónomas. Conviene aclarar este extremo. Cuando echa a andar el Estado autonómico, se van transfiriendo paulatinamente ciertas competencias —educación, sanidad, policía, ordenación del territorio, etc.— y, en este sentido, se puede considerar, por ejemplo, que determinado hospital de una comunidad autónoma hereda la política sanitaria estatal, de la misma manera que nuestro Código Civil es una continuación del Derecho romano. Pero la política lingüística no se continúa, ya que en la Constitución de 1978 está ausente, no sólo porque no se especifica de qué lenguas distintas del español se está hablando, sino también porque no se deja claro si su condición de oficiales dentro de la comunidad autónoma implica igualmente el derecho de usarlas y el deber de conocerlas.

El Estado español debería haber prevenido estas tensiones y no lo hizo. Pero hay una segunda razón —la más importante, a mi entender— para justificar la necesidad de una política lingüística estatal y es que *el catalán/valenciano, el gallego y el vasco son históricamente lenguas del país —o sea, de España— y no sólo lenguas del Estado.* La oposición lengua propia (para estos idiomas) frente a lengua oficial (para el español) es absurda. El *primer idioma culto de la Península Ibérica*, después del latín, fue el gallego y, todavía hoy, sigue representando el engarce imprescindible para configurar el territorio peninsular como una sola entidad cultural y económica (quién sabe si también política), puesto que constituye un puente lingüístico entre el español y el portugués. El *primer idioma internacional de la Península Ibérica*, nuevamente tras el latín, fue el catalán/valenciano, la lengua mayoritaria del otro estado que formaría España —la Corona de Aragón— y la única que tuvo una presencia significativa en Europa más allá de los Pirineos. Finalmente, *el único idioma exclusivo de la Península Ibérica* y de sus extensiones pirenaicas es el euskera, la única lengua que no llegó al solar peninsular como lengua colonial, un idioma que está en la base de muchas características fonéticas y gramaticales de los romances peninsulares. En otras palabras, que no es que estos tres idiomas interesen a un ciudadano hispanohablante monolingüe porque «se hablan en el Estado», sino porque lo constituyen como persona y como grupo social, porque forman parte de su herencia cultural.

# 19. POSIBILIDAD DEL PLURILINGÜISMO RECEPTIVO

¿Por qué no hacer frente a dicha evidencia convirtiendo a las cuatro lenguas peninsulares en oficiales y propias de todos los ciudadanos españoles al mismo tiempo? Ya sé, ya, conozco lo que se me va a objetar: que el español es demasiado poderoso y que obrar de esta manera condena al catalán, al gallego y al vasco a una muerte cierta. Lo que pasa es que seguir obrando como hasta ahora no mejora tampoco la situación de estos idiomas. Así parece confirmarlo el *impasse* al que se ha llegado y la evidencia de que, pese a todas las medidas adoptadas, el español no retrocede ni como lengua materna ni en el uso social. Estoy seguro de que, digan lo que digan con la boca pequeña, muchos, en eso que se llama «Madrid» (y que no es una ciudad, sino un ambiente), se alegrarán de que las cosas sean así. No es mi caso: me alegra —para qué voy a ocultarlo— la supervivencia del español, pero me preocupa la pérdida de impulso del catalán, del gallego y del vasco. Dentro de poco, si no ha ocurrido ya, sus posibilidades de ganar *hablantes no nativos* se habrán agotado, pues la extensión de la educación lingüística en las comunidades bilingües se consolida y no parece que por ello aumente la cifra de practicantes habituales de dichos idiomas. No se me ocurre otra salida que la de intentar ganar *oyentes no nativos*. Lo cual, aparte de más fácil, es psicológicamente mucho menos oneroso, ya que, siguiendo el patrón de la lengua primera, nunca somos hablantes perfectos de las demás variedades lingüísticas, pero sí podemos llegar a ser oyentes competentes de un cierto número de ellas.

La cuestión es saber cómo habría que proceder en la práctica porque a nadie se le escapa que la pretensión de que todos los ciudadanos españoles (o de cualquier otro país) sean tetralingües es francamente utópica. Doy noticia rápida de dos proyectos que se han propuesto últimamente:

a) El proyecto *EuRom4-Lingua* de la Comunidad Europea[42] pretende elaborar un método de enseñanza simultánea de tres lenguas románicas europeas para hablantes de una cuarta lengua románica. La idea matriz es que el abundante fondo léxico compartido y las escasas diferencias gramaticales de los idiomas románicos permiten, con muy poco esfuerzo (unas 25 sesiones), comprender cualquiera de ellas a partir de la lengua propia, aunque no producir textos correctos en las mismas. De momento el proyecto se ha desarrollado con las cuatro lenguas románicas más habladas: español, portugués, francés e italiano. Viene a ser una reinvención del latín, aunque no deja de ser sintomático —y preocupante— que el propio proyecto privilegie sólo las lenguas románicas internacionales y se olvide de las demás. Existe un proyecto alternativo, el *EuroComRom*, también llamado los *Sieben Siebe* («siete tamices»), elaborado por la Universidad de Frankfurt, el cual incluye todas las lenguas románicas[43].

b) Las experiencias pedagógicas de simplificación[44]: el *basic English*, el *français seuil*, el *español fundamental*. El problema de estos programas, impulsados por la moderna pedagogía del aprendizaje de lenguas, es que se suelen concebir como puntos de partida, no como términos *ad quem*. Las personas que dominan el *basic English* lo consideran como un trampolín para continuar, y es legítimo que así lo hagan: lo malo es que la continuación depende de factores ajenos al propio aprendizaje, casi siempre discriminatorios, con lo que la coerción cultural vuelve a surgir por la puerta trasera. En el fondo, lo ideal sería que estas lenguas internacionales simplificadas se aprendiesen como los temarios de oposiciones, hasta un cierto punto, pero no más allá. Es lo que viene a ser el inglés escrito del ciberespacio, un *basic English* al que se ha llegado de forma espontánea.

No me interesa entrar en los detalles técnicos de estos proyectos, algo que queda fuera de los límites del presente ensayo. Los menciono para que se entienda que el *plurilingüismo receptivo* no es algo imposible de llevar a cabo y que podría —debería, en mi opinión— intentarse en España. Naturalmente, hay dos situaciones por completo diferentes, la de los tres romances (catalán/valenciano, español y gallego), por un lado, y la del euskera por otro: los primeros pueden abordarse desde un patrón como el del *EuRom4* o el *EuroComRom*; el segundo, que resulta incomprensible para cualquier hablante

---

42    Claire Blanche-Benveniste et alii, *EuRom 4 – Méthode d'enseignement de quatre langues romanes*, Firenze, Nuova Italia Editrice, 1997.

43    Horst Klein y Tilbert Stegmann, *EuroComRom – Die Sieben Siebe: Romanische Sprachen sofort lesen können*, Aachen, Shaker, 2000.

44    Paul J. Slagter, *Un nivel umbral*, Strasbourg, Council of Europe, 1979.

románico, plantea retos diferentes, en la línea de las experiencias pedagógicas de simplificación. Con todo, antes de seguir, querría recordar que en latín el concepto de otreidad se podía expresar con dos palabras, ALTER y ALIUS: ALTER implicaba colaboración, ALIUS, oposición. Por eso, ALTER ha dado *altre, otro, outro*, mientras que de ALIUS viene *aliè, ajeno, axeno*. Pues bien, el euskera es otra lengua para el catalán, el español y el gallego, pero no es una lengua ajena, y esto es necesario entenderlo bien. Hay razones para pensar que donde hoy se hablan los romances hispanonorteños, antaño se hablaba euskera. Esto es algo bien sabido en el caso del catalán: como dije arriba, todavía en la Alta Edad Media, las comarcas de Pallars y Ribagorça eran de lengua vascónica y en la antigüedad seguramente el euskera llegó hasta el mar Mediterráneo. En el caso del gallego la cuestión no está tan clara, aunque hay autores que suponen que la lengua de los habitantes de toda la cornisa cantábrica era un idioma relacionado con el vasco y algunos fenómenos muy característicos del gallego-portugués, como el infinitivo personal o el dativo ético de segunda persona, se han relacionado con la lengua vasca. En el caso del español la cuestión no admite duda: probablemente el español surgió como una koiné vascorrománica en el alto Ebro. En otros términos: el euskera singulariza al pueblo vasco entre todos los pueblos de la tierra, pero también singulariza a los habitantes de la Península Ibérica en su conjunto. Hoy que tanto se habla de Europa, convendrá recordar que si la lengua marca el carácter de un pueblo, todos los pueblos europeos, salvo los vascos, tienen lenguas que llegaron al continente traídas por oleadas migratorias, ya fueran indoeuropeas o finougrias. Sólo el vasco parece originario de esa tierra donde se pone el sol de Asia, *Abendland* que dicen los alemanes. El vasco y, por la parte que les toca, los romances peninsulares (junto con el gascón), el catalán/valenciano, el español y el gallego-portugués. ¿Deben seguirse consecuencias políticas y económicas de este hecho? Es una cuestión discutible. Lo que no admite discusión son las consecuencias culturales que deberían extraerse y que, sorprendentemente, no se suelen tener en cuenta. Bien está que en España y en Portugal se preste atención al latín. Es la lengua madre de los romances peninsulares. Pero, aunque deje de estudiarse en el Bachillerato, no por eso desaparecerá, pues dichos romances siguen siendo, con el francés, el italiano y el rumano, una forma de latín. En cambio, la lengua padre, el euskera, sigue viva. ¿Que no soporta una literatura y una tradición cultural comparable a la latina? Evidente. Pero es nuestra historia y nuestro origen y merece que nos ocupemos de ella.

Antes he hablado de un procedimiento pedagógico de aprendizaje de idiomas: la lengua simplificada. Esto se puede aplicar al *basic English* o al *français seuil*, pero también a otras situaciones. ¿Cómo hemos aprendido todos latín en el Bachillerato? Muchos sufridos estudiantes dirán que lo hemos aprendido mal porque es una lengua muerta y no podemos hablar con nadie. Se equivocan: el latín no se aprende (¿aprendía?) para hablarlo, sino para leerlo, para leer a Ovidio, a Virgilio o a Cicerón en el original. Lo que ocurre es que cuando se emplea el término *leer* se pone el acento en el ingrediente cultural y se pasa por alto el carácter receptivo del proceso. Leer una lengua también es comprenderla, es abordarla en el marco de un plurilingüismo receptivo. Para llegar a leer latín los estudiantes asimilábamos los rudimentos de su estructura gramatical y de su vocabulario. Pues bien, algo similar debería hacerse con la lengua vasca. En Euskadi, por supuesto, constituye la lengua propia oficial y es de esperar que a la larga toda la población, los que lo tienen como lengua materna y los que no, lleguen a ser capaces de hablarlo. Pero fuera del País Vasco, en el resto de la península, la misma asignatura de *Lengua* que enseñe a comprender cualquier romance peninsular debería facultar la comprensión de textos vascos. Es lo mínimo que se puede pedir en relación con una lengua que nos constituye a todos los peninsulares como una singularidad en el conjunto de Europa. Que estos textos vayan apareciendo además paulatinamente en ocasiones señaladas fuera del territorio vasco —digamos en discursos oficiales y en escenarios culturales internacionales— es ya una cuestión de interés y motivación colectivos que, como tantas cosas en esta vida, se dará, si se estimula, y dejará de producirse si no se incentiva.

# 20. FE DE ERRATAS: *POLÍTICA LINGÜÍSTICA* NO ES HACER *POLÍTICA CON LAS LENGUAS*

Para terminar: le aseguro al lector que todo lo que acabo de decir lo digo muy en serio porque lo tengo por factible. Mejor: lo tengo por absolutamente necesario. En esto de la política existe un malentendido muy pernicioso y es el de considerar que las lenguas no son una obligación del Estado español. Resulta que el río Llobregat transita completamente por el interior de Cataluña y que la ría de Arousa sólo pertenece a Galicia, mas no por ello renuncia el Estado a sus atribuciones en la regulación del caudal del primero o en la de la pesca que se extrae en la segunda. Pues bien: el catalán/valenciano sólo se habla en cuatro comunidades autónomas, el gallego en tres y el vasco en dos, pero no por ello dejan de ser idiomas de interés general. Es sorprendente que el Estado no se haya planteado la necesidad de una política lingüística para todas las lenguas de su territorio.

Tal vez la razón haya que buscarla en una errata consistente en que donde dice *política con la lengua* debe decir *política lingüística*. Porque en España llevamos mucho tiempo haciendo política con las lenguas. Aquí y allí, en un bando y en el otro. Se empieza constatando el valor cohesivo de la lengua y se termina usándola como un ariete frente a otras lenguas. Nuestros políticos han actuado en esto como los malos médicos que para aumentar los bajos niveles de un componente nos recetan un exceso de medicamentos que acaba desequilibrando la proporción de otras sustancias no menos necesarias. Ya sabemos lo que se puede esperar de los políticos. Pero en este caso no es justo cargarles el mochuelo porque los pecados están bastante repartidos: hay gentes que debieron haber mantenido la cabeza despejada y no lo hicieron, no lo hicimos: intelectuales, sociolingüistas, profesores. No obstante, si alguien puede invertir la tendencia es quien tiene la sartén por el mango, esto es, los poderes públicos y sobre todo el Estado.

¿Que qué se puede hacer? Lo principal, una reforma educativa que introduzca el conocimiento receptivo de todas las lenguas peninsulares en el conjunto de

España. Secundariamente, una campaña de difusión de las mismas en todos los ámbitos de la vida social para que dicho aprendizaje se revele enseguida útil y los estudiantes no traten las lenguas como una maría más, otro capricho de los legisladores educativos. Sin embargo, aún hay un tercer paso que debería darse y que no quiero guardarme en el tintero: la formación plurilingüe activa de las elites. Se llama *elite* a aquella franja muy minoritaria de la población que está especialmente capacitada para dirigir un país por sus conocimientos y por su preparación. Sorprendentemente, en España, donde los miembros cualificados de las elites suelen poseer conocimientos satisfactorios de economía, de ingeniería o de derecho, se trata de absolutos analfabetos por lo que respecta a las lenguas propias. Se habla mucho de nuestra carencia ancestral en conocimiento de idiomas, pero cuando se dice esto, se está pensando en el inglés. Sin embargo, más grave, por absurdo e incomprensible, me parece el desconocimiento de las lenguas peninsulares. ¿Que el inglés es más útil que estas para la vida económica y cultural? Seguramente. Pero esta no es la cuestión. También la selva amazónica es mucho más importante para renovar el medio ambiente del planeta que nuestra modesta selva de Irati y, sin embargo, a un político de aquí lo que le compete es conocer y preocuparse de la supervivencia de esta última.

Bien está que la población en general se acostumbre a comprender pasivamente las lenguas romances peninsulares y algunos textos sencillos en euskera. Pero no lo hará de verdad si dichos idiomas no se ponen de moda. La experiencia de las comunidades autónomas es determinante: allí donde los políticos usan la lengua propia como un adorno impostado, el pueblo se da cuenta de inmediato de que lo hacen por compromiso y el prestigio social de la lengua decae. A escala general sucederá lo mismo. Si quienes deben dar ejemplo, no lo hacen, los demás no se darán por aludidos. Mas el ejemplo supone excelencia y en este tema ello implica pasar de la fase pasiva a la activa. En otras palabras: que las elites españolas deberían poder defenderse hablando alguna lengua peninsular además del español y de la materna.

Lo que aquí nos interesa de dicho proyecto es la idea de basar el plurilingüismo en la comprensión más que en la expresión. Es evidente que la situación ideal relativa a cualquier idioma ajeno consiste en dominar las cuatro destrezas fundamentales —hablar, escuchar, leer y escribir—; pero mucho antes de que seamos capaces de hablar o escribir, lograremos entender lo que se dice y leerlo. Las capacidades receptivas (entender y leer) siempre alcanzan a un número mayor de personas que las expresivas. Repito: receptivas, que no sólo pasivas, expresivas, que no sólo activas. Y lo que es más interesante: en el caso de lenguas próximas, como las románicas, la comprensión aproximada se logra a poco que el idioma ajeno no resulte difícil de captar por motivos fonéticos.

Lo notable de la Península Ibérica es que esta facilitación de la comprensión ya está hecha, no hace falta estimularla con ningún método, si acaso consolidarla mediante la educación. Tanto el gallego como el catalán/valenciano resultan fácilmente comprensibles para un hispanohablante a poco que se le acostumbre a ellos, pues cinco siglos de acercamiento mutuo facilitan las cosas. Algo habrá que hacer para acabar con la vieja discriminación que, como ha notado Josep María Nadal[45], convierte a los bilingües en los eternos perdedores de esta historia:

> ... la construcción del estado-nación ... siempre se ha basado en la inclusión forzada de viejas naciones. De esta inclusión siempre resulta un desequilibrio lingüístico interno: la coexistencia en un mismo territorio de individuos bilingües y de individuos monolingües. Y, por la lógica del sistema, todos los individuos monolingües son hablantes de la lengua del estado que, así, se convierte en la única lengua segura, porque es conocida por todos, para hablar con desconocidos.

Si la Península Ibérica es un espacio plurilingüe, dicha comprensibilidad mutua de sus tres romances, ya que no la de los cuatro idiomas, debería ser posible. El movimiento se demuestra andando: los acercamientos hay que demostrarlos con hechos y suponen cesiones de ambos lados. Pese a la historia común que todos compartimos, lo cierto es que las lenguas peninsulares se han desarrollado, en general, o bien de espaldas las unas a las otras o bien con la idea, no siempre desatinada, de que el mestizaje no deja de ser una forma insidiosa de perder la propia identidad. Mas los tiempos no están para actitudes de campanario.

---

45   Josep María Nadal Farreras, *Las 1001 lenguas*, Bellcaire d'Empordà, Aresta, 2007, 83.

# 21. EL ESPACIO PLURILINGÜE RESTITUIDO

¿Es posible alcanzar un plurilingüismo equilibrado entre los cuatro idiomas peninsulares (o, mejor dicho, españoles)? Un proyecto que debería alcanzarse mediante medidas de tipo simbólico, como DNI en las cuatro lenguas, o de tipo administrativo, como su protección efectiva en el ámbito de la UE. No podemos estar más de acuerdo con este deseo. Sin embargo, para qué engañarse, la realidad siempre acaba tergiversando los mejores deseos. Por ejemplo, podría pensarse en un modelo como Bélgica o como Suiza. Pero en Bélgica, por más que la Constitución belga reconozca el carácter oficial del flamenco, del francés y del alemán, y sus políticos suelan poder expresarse en cualquiera de estos idiomas, la situación es de enfrentamiento y de crispación. Cualquier turista español sabe que en Amberes o en Brujas más vale hablar inglés porque en francés sólo se puede conseguir que lo miren a uno con indiferencia, cuando no con irritación, a pesar de que se da cuenta de que le están entendiendo perfectamente. En cuanto a Suiza, lo de la equidad es relativo: cada idioma se habla y se entiende en sus cantones, pero no fuera de ellos, y como lenguas de la Confederación sólo funcionan el alemán y el francés.

El espacio lingüístico peninsular no es de este tipo. Tal vez, legalmente, la equidad no se haya alcanzado todavía y sea necesario activarla con medidas similares a las comentadas. Pero la Península Ibérica es potencialmente mucho más rica que los espacios plurilingües suizo o belga porque su realidad permite una interconexión mucho mayor. Incluso la lengua que está a años luz del latín, el vasco, guarda lazos históricos estrechos con uno de los tres romances, los cuales hacen impensable que los euskaldunes puedan llegar a sentirlo como algo ajeno. Y, sobre todo, los tres romances peninsulares resultan mutuamente comprensibles en ciertas circunstancias que se han especificado arriba.

En la Península Ibérica caminamos hacia un *espacio plurilingüe restituido*, hacia una restitución de espacios potenciales perdidos para las lenguas más desfavorecidas por la historia. A veces, cuando se insiste machaconamente en la reivindicación del reconocimiento internacional de las otras lenguas del Estado español, se suele pasar por alto el hecho de que se tomen las medidas que se tomen para lograr este propósito, sin duda justo, su impacto práctico sólo puede ser pequeño o inexistente. En la época de la aldea global, ninguna lengua que no sea una de las grandes lenguas mundiales tiene otra esperanza de ver aumentar el número de sus hablantes que la puramente biológica, aspecto este en el que las lenguas europeas llevan las de perder. Peor aún: fuera del inglés, ni siquiera las otras, el chino, el hindi, el español, el árabe, el ruso o el portugués, tienen una expectativa de crecimiento real fuera de sus fronteras actuales. Dicho con crudeza, vivimos en una época de plato único, del *English only*, matizado con la confianza de que alguna otra lengua, por ejemplo el español, pueda acompañarle en el sistema educativo de algunos países en calidad de guarnición. Y si esto es así para el español, la segunda lengua de Occidente amenazada en su expansión por la emergencia internacional del chino y del hindi, ¿qué habría que decir del catalán/valenciano o del gallego-portugués?

Sin embargo, dentro de la Península Ibérica estos dos romances sí tienen la oportunidad real de crecer. Lograr que cada vez que un político se exprese en las Cortes madrileñas en catalán/valenciano, los demás diputados lo entiendan sin problemas, ya es crecer, como también crece el catalán cuando dicha práctica se extiende a una conferencia o a una tertulia televisiva. Conseguir que cada vez que un turista portugués hace el esfuerzo de galleguizar su discurso, los ciudadanos españoles lo entiendan, también es crecer, como igualmente representa un crecimiento, ahora en la dirección contraria, la extensión de los medios de comunicación en gallego al ámbito portugués. Y, en fin, cuando los medios o la publicidad puedan estar en cualquiera de los romances de los extremos sin que los hablantes del romance central lo sientan como una agresión —comercialmente catastrófica para el anunciante—, la restitución será un hecho. Sin grandes proclamas, sin objetivos demasiado ambiciosos que, al quedar insatisfechos, siempre producen frustración, de manera gradual, aunque continua, como un goteo que poco a poco va taladrando la piedra, la Península Ibérica puede llegar a ser un espacio plurilingüe integrado, si no plenamente equitativo, al menos restituido y humanamente llevadero. Un objetivo que merece la pena, tal y como plasma el siguiente mapa con el que voy acabando, en el lenguaje figurado de la imaginación, esta obra:

## 22. DONDE EL AUTOR SE CONFIESA

A estas alturas del relato, si algún lector todavía no lo ha arrojado indignado encima de la mesa, sospecho que estará pensando o que soy un tonto útil o que estoy introduciendo un caballo lleno de insidias en la fortaleza troyana de las comunidades bilingües. Lo primero me lo he tenido que oír varias veces, aunque dulcificando el mensaje, ante auditorios de profesores de español. Lo segundo me lo dijo crudamente Àngel Colom, el antiguo secretario general de Esquerra Republicana de Catalunya, cuando presentaba hace un cuarto de siglo mi libro *El rumor de los desarraigados* en la Asociación de la Prensa de Barcelona[46]. ¿Merece la pena intentar estar en medio, no ni con los unos ni con los otros, sino precisamente con los unos y con los otros? Si se tratase de cualquier otro tema, respondería claramente que no merece la pena. Al contrario, la vida intelectual (y el mundo académico, aunque parezca mentira, pertenece a dicho dominio) se define precisamente por la disidencia, encuentra en la objeción fundamentada el incentivo para seguir avanzando. Pero este caso es diferente, pues trasciende ampliamente el marco académico. La cuestión lingüística ha alcanzado en España unas dimensiones políticas y sociales tan marcadas que relegarla a los juegos florales de un congreso parece temeridad o inconsciencia. Y entonces, ¿cuál es el problema? Pues el problema es que lo que se planteó a comienzos de la transición política ha acabado por revelarse inalcanzable. Las expectativas de las llamadas políticas de normalización lingüística emprendidas por las comunidades bilingües y las medidas previstas para alcanzar los objetivos marcados se puede resumir en las siguientes palabras de López-Suevos[47]:

---

46   Ángel López García, *El rumor de los desarraigados. Conflicto de lenguas en la Península Ibérica*, Barcelona, Anagrama, 1985.

47   Ramón López-Suevos, *Dialéctica do desenvolvimento: naçom, lengua, classes sociais*, Corunha, Agal, 1983, 8.

Só levantando un Estado própio se pode invertir un processo de assimilaçom lingüística. O Estado dispom de muitas armas na escola, nos Mass-Media, etc., e quando a lengua já é 'útil' para se desenvolver na vida social, os cidadáns procurarám aprendê-la 'voluntariamente'.... Entrementres, esta [a independència] nom chega, a língua avança o recua em concordancia com a mudable correlaçom de forças, favorable ou desfavorable aos nacionalistas face aos espanholistas.

o, desde la otra orilla, en las palabras de Lodares, quien viene a decir lo mismo[48]:

AT: ¿Qué futuro se vislumbra en cuanto a la asimilación de este tipo de políticas lingüísticas?

J. R. L.: Yo no hago previsiones al futuro, pero sí llamadas de atención a la responsabilidad. Si lo que quieren es la difusión popular de esas lenguas, deben tener en cuenta que no hay más remedio que borrar la representación del español porque si no el español seguirá entrando a raudales y donde entra un clavo no cabe otro.

Bueno, pues nada de esto se ha cumplido. Sin tener que llegar a la independencia, las comunidades bilingües han acabado asumiendo tantas competencias en cultura, educación y comunicación que han conseguido llevar a cabo un programa de máximos. Nadie puede negar honradamente que, hoy en día, dominar la lengua propia representa un plus de utilidad para el ciudadano en todas las comunidades bilingües. Sin embargo, este progreso evidente no ha venido acompañado del retroceso en el uso del español. Lo que unos deseaban y lo que otros temían no ha sucedido. Estamos en un *impasse* irresoluble, como cuando dos luchadores se miran jadeantes y cada uno de ellos sabe que no le quedan fuerzas para vencer al adversario, pero que tiene las suficientes para no ser vencido. Una situación de este tipo se dio en Europa al término de la guerra de los treinta años y el compromiso al que se llegó —sellado en la paz de Westfalia— permitió construir un marco estable para la convivencia europea, y aun mundial, hasta ayer mismo. Aquí nos encontramos en una situación parecida. Lo queramos o no, en España y, a la larga, en la Península Ibérica en su conjunto, habrá que consolidar un pacto lingüístico de armonización de tensiones. Hasta ahora todo lo que se ha hecho ha tenido una orientación centrífuga, tanto por parte de las instancias normalizadoras, que creían favorecer objetivos políticos a base de medidas administrativas relativas al idioma, como por parte de las instancias centralistas, que erigieron el internacionalismo lingüístico en barrera discriminatoria frente a las otras comunidades lingüísticas. Tal vez vaya siendo hora de reconocer las limitaciones de unos y otros, de acercarse a la mesa de negociaciones y de pactar. Las postu-

---

48   Entrevista de Armando G. Tejada a Juan Ramón Lodares en *BABAB*, marzo de 2000, núm. 1.

ras centrípetas están inéditas y se merecen una oportunidad. En esta obra se han propuesto algunas, pero naturalmente ni son las únicas ni estoy seguro de que se trate de las más eficaces. Lo único que parece claro es que ha llegado el momento de pasar página y que el nuevo espíritu que subyace a la idea de España como espacio plurilingüe se merece una oportunidad.

Eso sí, me gustaría prevenir contra el atolondramiento de las posturas demasiado radicales. Casi todas las medidas que toman los gobiernos son el resultado de un estado de opinión previo, ampliamente asumido por los ciudadanos. De hecho, muchos de los fracasos que han cosechado en el último cuarto de siglo los intentos de democratización de países recién independizados de una situación colonial obedecen a que se ha pretendido cambiar la sociedad con leyes en vez de dejar que las leyes reflejaran el cambio social. Esto también ha sido así en el caso de España: la monarquía parlamentaria, el sufragio universal, la sindicación obligatoria y, más recientemente, las leyes de igualdad de género o la de dependencia son medidas modernas que la sociedad actual demandaba, pero que los españoles de otras épocas ni solicitaban ni habrían aceptado fácilmente que se las impusiesen. Con la convivencia plurilingüe y su secuela práctica, el plurilingüismo receptivo[49], ocurre lo mismo. Hoy por hoy las personas que en España no sólo aceptarían de inmediato una situación de este tipo, sino que además la reclamarían, son una minoría, y de ahí que esta cuestión, lejos de suscitar un amplio consenso social, siga resultando bastante polémica. Por ello no creo que la ideología de la convivencia plurilingüe pueda imponerse socialmente a base de medidas administrativas concretas si previamente o, al menos, de manera simultánea, no se logra un mínimo consenso social sobre su necesidad intrínseca. Es preciso abrir un debate público y crear un espíritu propenso al plurilingüismo receptivo. El problema es cómo lograrlo. Este libro, casi un manifiesto, que aquí termina, constituye un primer intento.

---

49    Lo que estoy sugiriendo aquí, que una persona hable y entienda su lengua y sea capaz de entender al mismo tiempo la del otro, se llama técnicamente *sesquilingüismo* (del prefijo latino SESQUI-, «uno y medio»). El término fue introducido por Charles Hockett, *A course in modern linguistics*, New York, Macmillan, 1958, 38.3., para caracterizar una situación en la que dadas dos lenguas A y B que conviven en un mismo territorio, junto a personas que sólo conocen su lengua materna (A, B), y personas que se manejan perfectamente en ambas (A+B), existe un grupo, generalmente muy numeroso, de individuos que hablan y comprenden su lengua materna A, pero sólo comprenden la lengua del otro B (poseen monolingüismo productivo acompañado por bilingüismo receptivo, en la formulación de Hockett). Aquí empleo la expresión descriptiva *plurilingüismo receptivo* para hacer el concepto más visible al público en general. No es una situación inusual. En los países escandinavos es muy común que un danés, por ejemplo, entienda el sueco.